현대신서
92

현대연극미학

마리-안 샤르보니에

홍지화 옮김

東文選

현대연극미학

Marie-Anne Charbonnier

Esthétique du théâtre moderne

© Armand Colin / Masson, Paris, 1998

This edition was published by arrangement
with Armand Colin, Paris
through Bestun Korea Agency, Seoul

차 례

서 론 ─────────────────────────────── 9

I 개관

1. 아리스토텔레스의 미메시스 ─────────────── 15
   1. 시 학 ─── 15
   2. 이야기의 개념 ─── 17
   3. 시간·공간 그리고 등장 인물 ─── 18

2. 부르주아적인 질서 ─────────────────── 23
   1. 진실다움 ─── 23
   2. 드라마의 탄생 ─── 25
   3. 동화(同化)에 대한 강박관념 ─── 27

3. 현대극을 향하여: 낭만주의 비평 ───────────── 31
   1. 연극과 정치 ─── 31
   2. 영웅의 귀환 ─── 33
   3. 음조(音調)의 개념 ─── 34

II 현대극의 이론과 실제

4. 공격적인 비평 ──────────────────── 37
   1. 자연주의자들의 비평 ─── 37
   2. 니 체 ─── 39

5. 상징주의의 혁신 ─────────────────── 43
   1. 새로운 극작법 ─── 43
   2. 상징주의 드라마: 《펠레아스와 멜리장드》 ─── 46
   3. 뤼네 포와 '작품 극단' ─── 47

6. 전위 연극 ───────────────────── 51
   1. 알프레드 자리의 인형극 ─── 51
   2. 클로델과 총체적 드라마 ─── 54

7. 연극인들에 대한 성찰 ———————————————————— 61
      1. 총 평 ——— 61
      2. 앙투안, 스타니슬라프스키, 크레이그 등과 그밖의 사람들
         ——— 62

III 다른 대안들: 피란델로, 브레히트, 아르토

   8. 피란델로의 현기증 ———————————————————— 69
      1. 침식의 시도 ——— 69
      2. 혼란스러운 연극 ——— 70
      3. 조각난 등장 인물 ——— 71
   9. 다른 관객을 향하여 ———————————————————— 73
      1. 민중극 ——— 73
      2. 메이에르홀트의 '연극의 10월' ——— 74
      3. 피스카토어와 정치극 ——— 76
   10. 브레히트의 서사극 ———————————————————— 79
      1. 브레히트 극작법 ——— 79
      2. 드라마틱에 반대한 서사극 ——— 84
      3. 새로운 연극 ——— 88
   11. 아르토와 잔혹극 ———————————————————— 93
      1. 아르토라는 이름 ——— 93
      2. 실행에서 이론으로 ——— 95
      3. 무대의 잔혹성 ——— 103

IV 새로운 연극

   12. 50-60년대의 연극 ———————————————————— 107
      1. 상연에 대한 관념인가, 관념의 상연인가? ——— 107
      2. 50년대 ——— 108
      3. 비현실적인 무대 ——— 110
   13. 장 주네의 제의극 ———————————————————— 113
      1. 두 가지 예: 《하녀들》과 《병풍》 ——— 114
      2. 제 의 ——— 114
      3. 제의극 ——— 115

14. 이야기하기와 말하기: 타르디외와 이오네스코 —— 117
  1. 언어의 위기 —— 117
  2. 장 타르디외의 《언어의 희극》 —— 119
  3. 이오네스코: 언어의 비극 —— 123

15. 참을 수 없는 것, 말할 수 없는 것: 베케트 —— 131
  1. 몇 개의 이미지 —— 131
  2. 육체와 언어 —— 133
  3. 유머와 절망 —— 135

16. 연극에 대한 일격 —— 139
  1. 아다모프와 회의적 참여 —— 139
  2. 아라발의 환상극 —— 141
  3. 가티와 정치적 동요 —— 142

17. 또 다른 연극을 향하여 —— 145
  1. 모든 것은 연극이다 —— 145
  2. 연출가의 승리 —— 146
  3. 세계화된 '연극' —— 148
  4. 여성들의 내면 연극 —— 149
  5. 콜테스의 세계 —— 153
  6. 또 다른 작가들 —— 155

어휘 사전 / 참고 문헌 / 색 인 —— 159

서론

 연극은 재현을 통해 세상을 표현하려 한다. 그렇다면 재현이란 무엇인가? 극작가가 완벽한 환각을 유발하기 위해 눈앞에 보이는 자연이나 사회·역사적 현실을 충실히 모방하려는 계획을 세우는 것인가? 그렇지 않으면 세계를 픽션에 종속시켜 두고 픽션은 현실이 아니며, 무대는 거울이 아니라는 사실을 끊임없이 환기시키는 것인가? 사실 거울의 투명성은 세상의 투명성과 견주어지기도 한다. 결국 연극의 첫번째 기능은 관객으로 하여금 배우를 통해서 자기 자신을 인지하도록 하는 것이 아닌가?

 이러한 질문에 답하려는 노력을 통해 연극의 현대성이라는 개념이 정의될 수 있다. 어느 정도 순진하게 완벽한 환각을 내세우고, 관객으로 하여금 극장에 있다는 사실을 망각하게 할 만큼 완전히 관객을 사로잡으려 하는 모든 극미학은 현대적이 아니다. 그렇다고 해서 '고전극'과 같다는 의미는 아니다. 반면 상상력을 우선시하고, 결말 부분에서 관객을 상상에서 현실로 도로 데려오려 하지 않는 모든 극미학은 현대적이라고 특징지을 수 있다. 좀더 정확히 말하면, 연극이 18세기 이래 일반화된 부르주아 연극의 특징들과 단절하려는 순간 현대적이 된다. 디드로는 이러한 부르주아 연극의 특징들을 고착화하는 데 기여했다. 그 당시 확립된 연극미학이 단지 '부르주아 연극'이나 '최루 연극'에 한정된 것은 아니었다. 과거의 극작품에까지 관심을 돌려 이들을 다시 읽고 매번 재해석하였다. 이 과정에서 부르주아 연극이 유일한 판단의 척도가 되었음은 물론이다. 이렇게 해서 개정된 몰리에르 작품은 '부르주아풍으로' 만들어졌다. 이러한 미학은 19세기, 그리고 20세기에 이르러서도 한참 동안 지속되었다. 좀더 정확히 말해서 현대의 몇몇 연극적 실험에까지도 지속되었다. 여러 가지 제약들이 수반되는 부르주아 연극에 최초로 반대한 것은 바로 낭만주의였다. 그러나 낭만주의 드라마는 실패로 끝났고, 이는 잘 절제된 사실주의의 생명력이 길다는 사실을 명확히 말해주었다. 그후 자연주의가 19세기의 무대에서 평이한 사실주의를 무찔렀다. 이를 위해 자연주의는 보다 더 완벽한 환각이라는 자신의 영역에 보다 높은 가치를 두었다. 그러나 지나친 모방은 모방에 해가 되고, 과도한 진실주의는 사실의 효과를 파괴한다. 사실주의가 더 이상 연극 같지 않은 연극에 대한 싫증(있는 그대로의 '삶의 한 장면'을 보러 굳이 극장에 갈 필요가 있을까?)을 야기시키는 것으로 그치지 않게 되었을 때, 사실주의 연극은 서둘러 시적 상징주의로 나아갔다. 필요한 미학을 정확히 유포한 유럽 부르주아의 순수한 권위가 도전받기 시작한 순간에 위기는 명백히 드러났다. 그런데 부르주아 권위에 대한 도전에는 내부로부터, 즉 부르주아 지성인들에 의한 것도 포함되어 있었다. 연출가·극작가·비평가들은 20세기 내내 무대의 진실과 세상의 현실, 등장 인물과 보통 사람, 연극과 사교계의 오락을 혼동하는 이들의 확신을 산산조각내어 버렸다.

　대개의 경우가 그러하듯이 20세기에 새로운 극미학을 확립한 이들 대부분은 아리스토텔레스 시학으로의 귀환에서 출발하였다. 아리스토텔레스의 시학은 서양에서 아주 오랫동안 극적 미메시스의 토대로서 굳건한 위상을 확보해 왔다. 이렇듯 몇 가지 원칙을 근거로 20세기 동안 극작법이 발전되어 왔다. 그런데 반세기가 안 되는 시간 동안 부르주아 연극은 그 원칙들을 쓸어내어 버렸다. 그래서 비록 연극에서 지향하는 바가 전적으로 상이할지라도 알프레드 자리·클로델·아르토·메이에르홀트·브레히트·피스카토어 등이 모방 기능에 국한된 연극에 대한 과격한 비평을 통해 잃어버린 유산을 되살리려 했다. 이렇게 해서 현대 연극미학은 무대 위에서 현실과 상상 사이의 단절된 대화를 복원시키고, 연극에 있어서 기본적인 극행위(action)의 중요성을 부각시키며, 연극의 정치 권력을 해방시켜 주면서 무대가 다시 비평적 권위를 가질 수 있도록 애쓰고 있다.

　이렇게 일단 출발점이 정해졌다. 그렇다면 이 책이 어떤 용도를 갖게 될 것인가? 문제 제기 방식은 연대순과 이데올로기를 고려하여 확립된다. 상대에 의해 만들어지는 생명체들의 연기인 연극은 어떠한 예술 표현 방식보다 더 역사와 관련이 있다. 가장 중요한 혁신, 급진적인 단절과 논쟁은 어딘가에서 유래하고, 연극이 단지 텍스트에 종속되는 것이 아닌 만큼 더 쉽게 순환한다. 연극은 사회의 관습을 이룬다. 또한 연극은 집단이 공유하고 토의하는 해석들과 개인적 취향을 중첩시킨다.

현대 연극미학 개념은 하나의 예술적 대상인 상연에 의해 포착된 새로운 형태와 관련이 있다. 비록 그렇다 할지라도 현대 연극미학의 묘사를 위한 명확한 구분은 새로운 관계에 대해 자문하는 것으로 귀착된다. 여기서 새로운 관계란 작가와 연출가들이 희곡의 기호와 상연의 기호라는 두 가지 기호들의 총체 사이에서 구축한 것이다. 그런데 20세기에 있어서 이에 관한 고려는 몇 가지 이유로 인해 미묘한 시도가 된다. 첫째 현대성은 자유가 완전히 획득된 상태로 특징지을 수 있다. 그 결과 규칙의 폐지, 모든 것이 허락되었다는 인식, 다양한 창조, 형태의 세분 등이 이루어진다. 둘째는 현대 예술이 현재를 구축하기 위해 과거와 나누어야 하는 끊임없는 대화에서 유래한다. 연극에 있어서 이러한 대화는 텍스트와 상연 가운데 무엇을 우선시해야 하는가라는 문제를 다시금 제기하게 한다. 보다 방대한 세번째는 광란과 공포·가속도와 같은 20세기의 특성으로부터 유래한다. 연극은 역사 속에 들어가고 역사를 해석한다. 연극은 이처럼 스스로 역사에 관심을 가지고 즉각적으로 정치적 성향을 띨 수도 있다. 반대로 지나치게 노골적인 현실에 무감한 체할 수 있고, 몽환주의·성스러움·비현실 등을 이용해 현실을 왜곡할 수도 있다. 이 모든 경우에 선택은 명백하면서도 함축적인 이데올로기로 특징지어진다. 이를테면 창작가·연출가·관객의 이데올로기와, 특정한 사회에서 작품이 유발하는 특별한 수용 조건이 결정하는 이데올로기 등이다. 이 책에서는 미학의 선택이 세상에 대한 총체적인 시각과 분리되지 않는다는 것을 환기시키려 했다.

끝으로 이 작은 안내서의 독자들이 비단 희곡 작품에 대한 독서에서 뿐만 아니라, 극장을 드나듦으로써 책이 제시하는 여러 해석 요소들을 직접 **실습**해 보길 원한다. 왜냐하면 현대 연극을 이해하는 가장 좋은 방법은 물론 연극을 보러 극장에 가는 것이기 때문이다.

1
아리스토텔레스의 미메시스

1. 시학

극행위(action)의 중요성

서사시(이야기로 행위를 재현)와 드라마(보여 주면서 행위를 재현)를 대비시키면서 아리스토텔레스는 《시학》에서 연극의 토대가 되는 극행위를 강조했다. 무대는 중개자나 스크린의 도움 없이 픽션에 생명력을 불어넣는다. 이렇게 하기 위해서 극은 글을 말로 바꾸어야 하고, 그 말하기의 임무를 부여받은 이들이 배우이다. 이러한 연극 언어의 특징은 바로 역동성이다. 이 언어에는 상연 과정 자체를 결정짓는 긴장과 모순이 담겨 있다. 서구 연극이라는 물리적인 장소 위에서 다양한 힘들이 서로 겨루고, 균형을 이루기도 하며, 때로는 어느 한쪽이 승리를 거두기도 한다. 관객은 극의 발단, 전개, 그리고 절정을 보러 온다. 극의 절정은 조화롭거나 잔잔한 혹은 비극적인 결말로 해결될 것이지만, 여기서 어떤 결말이냐는 중요치 않다. 좀더 후에 선택된 장르(비극·희극·드라마)에 따라 세력들은 구체화되고, 이름이나 얼굴을 갖게 될 것이며, 어느 정도 성격과 일치하게 될 것이다. 시작 부분에서 극작가는 세력을 커다란 범주로 구분하여 배치한다. 이를테면 합법성과 비합법성, 과거와 현재, 집단 이익과 개인 이익, 질서와 무질서, 선과 악, 인간과 신(神) 등으로 구분될 수 있다.

진실과 진실다움

아리스토텔레스가 말한 '모방'은 현실의 복사가 아니라 일종의 재창조이다. 그렇다면 무엇에 대한 재창조인가? 삶의 구성 요소이자 흔히들 '에너지'라고 부르는 일차적인 행위에 대한 재창조를 말한다. 《시학》의 전편에 걸쳐 아리스토텔레스는 존재 방식이 아닌 행동 방식을 강조한다. 비극을 쓰려는 작가들에게 역사에서 극행위를 차용하도록 권유하면서 아리스토텔레스는 서양 연극미학의 주요 개념 하나를 이끌어 낸다. 그것이 바로 **진실다움**(vraisemblance)이다. 사실 역사란 실제 일어난 일이기 때문에 진실다움을 보장한다. 역사가 실제 일어난 일을 이야기한다면, 시는 일어날 수 있는 일을 보여 준다. 이것이 바로 현대 연극이 자유를 획득하기 위해 풀어 나가야 할 문제 중의 하나이다. 이를 진실과 진실다움의 문제라 일컫는다.

ㄹ. 이야기의 개념

이렇게 정의된 기본적인 세력들은 모든 상연 과정에서 참고될 일관된 총체 속에 포함된다. 이를 '이야기'라 부르는데, 다시 말하면 작품에서 말하여지는 이야기이다. 극행위는 이야기의 범주 안에서 전개되고, 행동이 진전되면서 명확성의 원칙이 탄생한다. 그런데 명확성의 원칙은 연극에서 어떤 의미, 혹은 특정한 의미 구축을 가능케 한다. 이러한 이중적 단언(극행위의 중요성, 폐쇄된 구조 논리를 가진 전체 속에 들어간 극행위)의 결과는 즉각적이다. 이야기는 실제 세계에서 차용되어 모방된 상황을 수동적으로 재생산한 것이 아니다. 이야기는

> 그리스에서 이야기는 대체로 모든 이에게 널리 알려진 신화로 극의 재료가 된다. 고전주의 시대부터 이야기는 주제와 대립되는 개념으로 사용되는데, 여기서 주제는 이야기의 근거를 소개하고 재구성하는 방법에 기초한다. 18세기에 이르러 이러한 구분은 승인된다. 이야기는 이야기해야 할 사건이 아니라 사건을 이야기하는 방식이다. 이야기는 줄거리를 이루며, 극행위를 얽히게도 하고 해결하기도 하는 사건들의 관계 아래 주제가 전개되는 것이다. 그런데 극작품의 이야기를 구축하고 명시하는 것은 연출가·배우·독자 각자의 몫이다. 브레히트는 상연을 염두에 둔 작품의 독서와 분석 작업 이전에는 이야기가 흐릿하지도 뚜렷하지도 않다는 사실을 강조하면서 이야기의 개념을 결정지었다. 브레히트는 다음과 같이 말했다. "연극의 주된 임무는 적합한 소외 효과를 이용해 이야기를 명시하고, 그 의미를 전달하는 것이다."《연극에 대한 소고》

고유한 논리를 가지는 어떤 것으로부터의 자연적인 산물이다. 다른 한편으로 위에서 언급된 세력을 구현하는 등장 인물은 이미 존재하는 성격에 따라 행동하지 않는다. 사실 이미 존재하는 성격은 가능한 충실히 복사하기만 하면 된다. 하지만 그렇지 않은 경우 인물의 성격은 행동에서 비롯된다.

일관되고 의미 있는 구조로 간주된 이야기의 내부에는 힘·행위소(actants)·등장 인물들 사이의 어떤 관계가 확립된다. 그런데 이들은 서로에 견주어 각자의 상황에서 의미를 끌어낸다. 상연의 엄격한 경제 논리 속에서 하나의 등장 인물은 모든 등장 인물들에 대비될 경우에만 한정될 수 있다. 마찬가지로 자치적인 세계가 구성되므로 그 세계의 고유한 시간과 공간은 그들 나름의 논리와 구성을 가지고 있다.

3. 시간·공간 그리고 등장 인물

시간과 공간

일부러 만들어진 무대의 시간과 공간은 그 특성상 아무리 현실에 가까운 것일지라도 상연을 상상력의 질서에 따르게 한다. 무대의 시간과 공간은 실제 시간과 공간에 대한 이미지이다. 이는 극의 시·공간은 실제 시·공간의 흔적을 지니고 있으면서도, 또 다른 한편으로는 실제의 시·공간으로부터 벗어나고 있다는 측면에서 그러하다. 이미지는 사실이 아니다.

무대 위에서의 시간은 극행위의 필요에 따라 가속화되거나 느려진다. 무대 위의 시간은 수렴될 수도 있고, 응축될 수도 있으며, 지나치게 늘어질 수도 있다. 극시간에 가해진 유일한 제약은 극행위에 의해 한계가 지어진다는 점이다. 관객은 나름의 상상력을 발휘하며 자신이 초대받은 허구의 놀이 속으로 빠져들기도 하고 그러지 않기도 한다. 이는 극의 공간에 대해서도 마찬가지이다. 극의 공간은 존재하지 않는 또 다른 공간을 암시하도록 만들어졌으므로 언제나 은유적이다. 공간이 가득 차 있건 거의 비어 있건 출발점에 있어서의 차이는 없다. 이를테면 관객들은 그리스 연극의 열린 공간, 이탈리아식 연극의 닫힌 공간, 장터의 무대 혹은 링 등 모든 공간을 자연에 대한 시적 재구성으로 여긴다. 땅의 점유나 지속의 활용 등에 의해 고대 이래 연극은 **극적인** 것임이 공시되고 그렇게 요구된다. 아무리 순진한 관객일지라도 이를 착각하지는 않는다.

등장 인물

등장 인물은 지속적인 극행위들이 연결되는 지점이다. 이러한 지속적 극행위로부터(혹은 아닐 수도 있다. 모든 것은 어떤 형태의 극작법을 선택하느냐에 달려 있으므로) 한 가지 가능한 성격에 대한 밑그림이 그려진다. 아리스토텔레스가 극행위의 중요성을 강조했을 때 이를 이미 확인한 바 있다. 이런 관점에서 보면 타르튀프는 애초부터 위선자가 아니다. 그래서 모든 극행위는 타르튀프 성격의 '자연스러운' 토대에서 파생될 것이다. 타르튀프는 다른 등장 인물과 관객이 보기에 위선자처럼 행동하고, 점점 의미를 갖게 되는 이런 행동들이 모여서 그의 위선이 추론되어진다. 서구의 연극이 점차 등장 인물과 보통 사람을 혼동하고, 보통 사람의 '심리'로 행위들을 설명할 수 있다고 생각했던 이유는 《시학》에 묘사된 규율을 잊어버린 채 일의 순서를 뒤바꿨기 때문이다. 반대로 만일 행위가 우세하다면 등장 인물을 단순한 설명의 범주 안에 가둘 수 없게 된다. 즉 등장 인물은 온갖 종류의 해석에 대해 열려 있다. 이런 방식으로 연극의 등장 인물은 정의되고, 연출가들이 복합적인 독서를 통해 역사의 흐름에 부합하는 등장 인물을 구축할 수 있다는 사실이 이에 관한 훌륭한 증거가 된다. 루이 주베의 《타르튀프》는 로제 플랑숑의 《타르튀프》와 다르다. 두 작품의 유일한 공통점은 모두 몰리에르의 작품에 토대를 두고 있다는 것뿐이다. (이 점은 지금까지 상연된 모든 《타르튀프》에도 해당된다.) 게다가 다양한 방식을 통해 등장 인물은 즉각적으로 연극화된다. 이러한 방식들 가운데 가장 중요한 것은 물론 연출 작업에 속한다. 그렇지만 아무리 지식이 없는 관객이나 독자라도 현실적 존재 앞에 있지 않다고 인식하게 하는 다른 방식들도 있다. 등장 인물이 자신의 대화 상대자를 넘어서 관객과 '직접' 소통하는 경우가 이에 속한다. 그는 자기 자신을 소개하고 방백으로 연기한다. 그렇게 해서 관객은 상연의 여러 가지 측면을 즉시 알아차린다. 때로는 등장 인물이 가면을 쓰고 가짜 신분을 가지지만 관객은 그의 진짜 신분을 알고 있다. 혹은 더 나아가 신화·전설·역사에 속하는 등장 인물이 무대 위에 등장한다. 또는 현대극에서 흔히 그러하듯 등장 인물이 처음부터 역할로 변화된다. (피란델로와 주네의 극작법에는 이러한 예가 많다.) 그런데 이 모든 방법에 상관 없이 결과는 동일하다. 즉 등장 인물이 상상적이고 시적인 구성에 의거하고 있다는 사실을 드러내는 것이다.

2
부르주아적인 질서

1. 진실다움

위에서 확인한 바와 같이, 아리스토텔레스적인 미메시스의 여러 근거들(물론 서구의 극작가들은 이를 원근화법적인 방법, 종교·신화·역사 등의 원천, 그리고 실행한 장르에 따라 각색했다)은 연극 기술의 토대를 제공하였다. 여기서의 연극은 무대의 질서와 현실의 질서 사이의 복잡한 관계를 잊지 않고 응축·체계화, 그리고 특히 양식화에 힘을 기울이는 연극을 일컫는다. 연극인들은 연극미학이 소설미학과 다르다는 사실을 본능적으로 알고 있다. 그들은 또한 극본이 무대화될 여지가 많고, 특별한 연출로 실현될 때에 비로소 존재의 의미를 가진다는 사실을 잘 알고 있다. 이러한 이유로 희곡은 정해지지 않은 어떤 부분을 포함하고 있고, 무대화 작업이 용이하다. 또 이러한 이유로 서구의 걸작 연극들은 시대를 초월해 사랑받는다.

그렇지만 1백여 년 동안 아리스토텔레스의 미메시스는 우선은 배제되었고, 그 이후 거칠게 반박되었다. '유럽 의식의 위기,' 개인주의와 그 가치의 부각, 신성·신화·상상에 대한 거부와 이성의 바탕 위에서 극의 본성은 재검토되었고, 점점 상실되었다. 이성의 지배는 연극에서 양식(bon sens)의 제국주의로 변형될 것이다.

구체적으로 18세기 중엽부터 유럽의 무대는 가구·카펫·골동품 등 일련의 사물들로 넘쳐난다. 이 물건들은 관객에게 가정 내부 분위기를 보다 근접하게 재구성해서 보여 주기 위해 등장시킨 것들이었다. 무대 배경은 점점 더 정확해지고, 더 '사실적이며' 회화적이 되어간다. 기이하게 가득 채워진 무대(아주 최소한의 물건으로 충분했던 고전주의 극이나 권력을 나타내기 위해 단 한 가지 사물——이를테면 무기——로 충분했던 고대 연극과 비교했을 때) 위에서 배우들이 왔다갔다 한다. 배우들의 의상은 관객들의 옷과 동일하다. 이에 대해 놀랄 필요는 전혀 없다. 왜냐하면 모든 연극 이론가들이 동일한 법칙을 못박아 왔기 때문이다. 즉 연극은 일상에 충실해야 한다는 것이다. 그래도 관객은 연극을 보러 왔다는 사실을 알고 있다고 말하는 어리석은 이들에게 그들은 이른바 '제4의 벽' 이론을 내세운다. '제4의 벽' 이론이란 배우에게 마치 관객이 존재하지 않는 것처럼 연기하라는 것을 골자로 하고, 이는 환각을 극대화시키려는 의도에서 비롯되었다. 이렇게 해서 관객은 타인의 대화를 엿듣고 감동적인 가정사를 엿보며, 석연치 않은 상거래를 본 듯한 감정을 가질 수 있다. 다음은 당시 기세를 떨친 거울 같은 극작법을 충족시킬 수 있는 요소들이다. 첫째, 정확성에 몰입하는 태도에 의해 성격보다는 오히려 사회 상황의 재현에 치우치게 된다. 둘째, 무대 위에서 언어가 행동보다 우선하고(이 시기의 많은 졸작들에서는 정통파적이고 교훈적인 수다스러움이 많이 보인다), 등장 인물들은 행동 대신 자신들의 말을 분석한다. 끝으로 성격이 행동에서 유래하는 대신 점점 더 정확하고 개별화되며 특별해져서 줄거리를 좌지우지한다.

여기서 거울은 물론 반사해야 할 현실을 말한다. 이제 등장 인물의 진실은 삶에서 존재한다고 여겨지는 모델에 견주어 확립될 것이다. 고대와 고전주의 극작가들은 때로 진실이 진실답지 않다는 사실을 알았고, 초인성(超人性) 혹은 비인간성 가운데서 인간적 진실을 찾을 수 있는 영웅들과 괴물들을 주저 없이 무대 위에 구현했다. 이들에 대해서 부르주아 극작가들은 진실다움이 진실의 유일한 척도라고 대답한다. 여기서 진실은 항상 중간에 위치한다. 이렇게 해서 소설에서와 마찬가지로 연극에서도 보잘것 없는 소부르주아 근성이 지배하게 된다. 왜냐하면 항상 누군가가 사건의 진실다움과 진실답지 않음으로 성격을 평가하기 때문이다. 스스로에 대해 알고 있는 것이 아니라면, 대체 무엇에 대해서 할 수 있거나 하지 못한다고 생각하고 말할 수 있을까?

2. 드라마의 탄생

어중간한 관객에 맞춘 어중간한 진실을 표현하는 데 있어 드라마는 특전을 받은 도구였다. 1750년경 거의 모든 이론가들이 비극과 희극이라는 두 가지 극단적인 장르에 대해 관객이 염증을 느낀다는 사실을 깨달은 것은 문학사의 우연이 아니다. 우선 규칙으로 정의되는 비극의 경우를 보자. 비극은 지나치게 강렬한 사랑의 열정, 도저히 참을 수 없는 범죄, 세상에 대한 너무나 절망적인 시각 등으로 인해 끝이 좋지 않았다. 희극은 억지스러움, 기계적임, 우스꽝스러움 등으로 믿을 수 없는 등장 인물들로 특징지어진다. 귀부인은 지나치게 귀부인 행세를 하고, 타르튀프는 지나치게 위선적이며, 동 쥐앙은 현명한 관객이 보기에 지나치게 비도덕적이다. 물론 이 모든 것들 가운데도 진실은 중용의 도를 지키고 있다. 이런 극의 관객은 무대 위에서 자기 자신을 보게 될 것이다. 일상적이고 평범한 관객은 등장 인물 또한 자신과 같은 걱정거리와 어려움에 직면해 있기를 원한다. 명석하고 장사에 능한 부르주아가 자신의 가치가 승리하도록(대혁명과 더불어 이 일은 성취된다) 자신에 맞춰 사회 질서를 정의하려고 시도하는 순간에 부르주아는 무대 위에서 자기 자신을 보고 싶어한다. 따라서 가정, 기쁨, 슬픔, 부르주아가 열광하는 서사시 등이 드라마의 훌륭한 주제가 된다. 이제 더 이상 왕, 공주, 간교한 하인, 바람난 아내를 둔 남편 등은 존재하지 않는다. 그들의 존재 이유가 없어진 것이다. 처우가 개선된 하인은 간교해야 할 필요성을 전혀 느끼지 못한다. 결혼의 경우는 존중되어야 하고 경제적으로 필요한 제도이므로 한낱 웃음거리로 만들 수 없다. 따라서 몇몇 예외를 제외하고 서구의 연극에서 부르주아의 삶과 동일시된 '실생활'이 지겹도록 반복된다. 다작 극작가인 니벨 드 라 쇼세의 《어머니들의 학교》와 《여 가정교사》, 혹은 볼테르의 《나닌 혹은 극복된 편견》 등이 이에 속한다. 볼테르의 《나닌 혹은 극복된 편견》은 평범한 시골 처녀가 거만한 남작 부인에게 승리를 거두고, 시골로 은퇴한 영주와 결혼한다는 내용이다. 이러한 장르의 대표적인 모델로는 1765년 스덴의 《학식 없는 철학자》를 들 수 있다. 이 작품의 주인공은 반데르크 씨이다. 그는 여러 차례의 역경을 딛고 상업으로 부를 축적한 신사이다. 그가 가족 친지들을 모시고 딸 소피의 결혼식을 치르는 날, 장교인 아들은 도매상들의 명예를 해쳤다는 이유로 고급 장교와 결투를 벌여야 한다. 결말이 좋게 이끌어지는 이 작품은 결혼의 기쁨과 결투에서 비롯되는 죽음의 위험 사이의 충돌에 근거하고 있다. 현대 사회의 진정한 철학자인 반데르크 씨에게 작품의 화려한 대목이 할애된다. 법관과 무관이라는 두 계급만이 존재한다는 기성의 관념을 뛰어넘은 상인에 대한 감동적인 찬사 등이 그 예이다.

3. 동화에 대한 강박관념

결과는 추론하기 쉽다. 연극이 현실로 여겨지려 한다면, 예술적 특성을 점점 더 정교하게 감추어야 한다. 걸음을 느리면서도 장엄하게 만드는 반장화를 신고, 쓴웃음을 짓기만 해도 작품이 비극임을 말해 줄 만큼 입이 커다란 가면을 쓴 거대한 실루엣을 보았을 때, 그리고 진정 다른 세상에서 온, 그리고 가면에 의해 확대된 커다란 목소리가 존속 살해의 고통으로 울부짖을 때, 소포클레스의 비극을 보러 온 관객들은 오이디푸스를 자기 이웃으로 여길 수 없었다. 그렇지만 가면, 고전 비극 작가들이 선호한 웅변조의 말투, 희극의 과장된 화장 등 관객으로 하여금 연극을 보고 있다는 느낌이 들게 하는 모든 것을 제거해 버리고 나면 우리 모두와 같은, 그래서 보다 쉽게 보통 사람으로 여길 수 있는 등장 인물만이 남게 된다. 이제 불확실한 것을 상상하고 나름대로 해석하는 자유는 끝났다. 사람들은 배우에게 가능한 한 '등장 인물과 동화되도록' 요청한다. 이렇게 함으로써 관객은 그야말로 자신이 직접 관련되었다고 느낄 것이다. 심미적 매개도, 비평적이거나 지적인 우회도 없으므로 직접적일 수밖에 없다. 미메시스는 이제 더 이상 비평이나 참여를 통해 간접적으로 세상을 관조하는 방법이 아니다. 아리스토텔레스가 강조한 카타르시스는 이제 죽었다. 대신에 관객이 마음에 드는 자신의 이미지를 보러 오는 관대한 거울이 그 자리를 차지했다. 왜냐하면 부르주아 연극은 평범하게 정의 내리고 거추장스러운 요소들을 제거해 버린 현실에 종속되는 데 만족하지 않고, 교육적이고 도덕적이기까지 하기 때문이다. 연극은 환각과 확신에 대한 힘을 가지고 있으므로 그 힘을 사회에 대한 조화로운 시각을 위해 사용해야 한다. 무대 위에서 계급간의 갈등은 하염없이 쏟아지는 눈물과 감동적인 사건들에 밀린다. 나쁜 아들은 벌을 받고, 선한 아버지는 응당한 보상을 받는다. 역사가 소동과 광기로 가득 차 있다는 사실을 모르지는 않지만, 부르주아는 연극이 다른 면을 보여 주기를 원한다. 그래서 부르주아는 자신들의 도덕관과 마찬가지로 표준에 맞고 순응주의적인 연극을 원한다. 부르주아는 웃고 싶을 때 느슨한 마음으로 실컷 즐기고 흥겨워하고 싶어하지만, 결코 자신의 도덕관에 도전을 받거나 불안을 느끼거나 방해받고 싶어하지는 않는다. 낭만주의 드라마는 거울 같은 극작법에 강력하게 도전한 첫번째 흐름이었다. 따라서 부르주아 드라마로부터 파생된 극은 낭만주의 드라마가 아니라 멜로드라마였다. 멜로드라마는 본질적으로 순응주의적이다. 멜로드라마에서 악인은 4막 동안 승리를 거두다가 5막에 이르러 잔인하게 응징된다. 또한 멜로드라마에서는 타락한 딸이나 미혼모·창녀 등도 가차없이 제거된다. 왜냐하면 그녀들이 사회의 무질서와 가정의 부패 요인으로 간주되기 때문이다.

3

현대극을 향하여: 낭만주의 비평

1. 연극과 정치

문제극

대혁명의 단절은 연극 분야에도 영향을 미쳤다. 검열에도 불구하고 낭만주의 극작가들은 무대 위에서 사회 전체를 동요시키는 움직임 같은, 눈에 보이는 대로의 역사를 이야기하고자 했다. 부르주아적 사실주의 연극에 대한 최초의 일격은 연극을 통해 사회와 그 사회의 갈등을 총체적으로 보여 주고, 정치적인 문제들을 제기하려는 의지로부터 비롯되었다. 이러한 관점에서 역사적인 주제의 사용은 과거를 통해 현재를 조명해 보는 기회가 되었다. 그로부터 연극은 다시 불확실해졌고, 더 이상 합의에 의해 세상을 만족스럽게 재현하지 못한다. 낭만주의 드라마 안에는 심각한 정치적 갈등이 등장하고, 정열적인 주인공이 그러한 갈등에 참여한다. 모든 권위를 되찾은 사랑의 열정(한때는 가정의 평화를 해치는 위험한 요소로 경멸되었었다)은 다른 모든 정열의 모델인 동시에 상징이 된다. 이들 다른 정열을 가진 주인공들은 이상적인 질서를 확립하기 위해 현재의 질서를 어긴다. 그런데 거울과 같은 극작법에 대한 반박은 진정한 기술적 혁신을 거친다. 낭만주의 드라마는 사건과 시간의 일치를 제거하는 것보다는 극공간의 재고에 더 폭넓게 기여하였다.

또 다른 공간

19세기초부터 현대 연극미학은 24시간 안에 가두어진 극시간이나 아주 단순화된 하나의 줄거리에 더 이상 연연해하지 않으려 했다. 시간의 일치를 없앰으로써 연극은 독자로 하여금 상상의 날개를 펼 수 있게 해주었다. 《라신과 셰익스피어》에서 스탕달은 이에 관해 비아냥거렸다. 그에 따르면 고전 비극에서 2막과 3막 사이에 세 시간이 흐른 것을 인정할 수 있었다면, 집에서 담배 한 대 피우는 사이에 10년이 흘렀다고 상상하지 못할 이유가 없다는 것이다. 극시간의 놀라운 조형성에 관해서는 고전극보다 부르주아극에서 더 환기할 필요가 있다. 사건의 일치에 관해서도 그다지 어려움이 없다. 위고도 뮈세도 단지 장난삼아 줄거리를 무한정 늘리지는 않았다. 그들의 연극은 사건과 행동이라는 측면에서 아리스토텔레스가 정의한 이야기(fable)의 개념과 아주 쉽게 연결된다. 낭만주의 드라마의 현대성이라는 측면에서 본질적인 것은 장소의 일치와 관련되어 있다. 왜냐하면 낭만주의 극작가들은 장식주의 무대 도구의 유산을 이어받았는데, 이는 장소에 대해 완벽하고 정확하며 변화시키기 어려운 재현을 제시한다. 보마르셰의 작품에서 뚜렷이 드러나는 것처럼 실제 세계를 모방하려는 열병은 여러 차례의 장소 변화를 금지시켰다. 그런데 복잡하고 다양한 역사를 표현하기 위해서는 장소 변화가 필요하다. 따라서 엘리자베스 왕조 시대 연극이 잘 이해했고, 20세기 연출가들이 이해하게 될 것처럼 무대 공간을 비워서 모든 장소를 다 표현할 수 있는 일반화된 공간으로 만들어야만 했다. 그런 이유로 프랑스에서 가장 현대적인 낭만주의 극작가는 분명 뮈세이다. 뮈세의 작품은 어떠한 상연 방식에도 제약을 받지 않는다.

2. 영웅의 귀환

무대가 가정이나 살롱에서 일어나는 이야기들로 국한될 수 없고, 연극적 공간이 세계가 되고 극적 시간이 인간의 삶 이상을 포함하므로 무대 위에는 일반인들과 도저히 혼동할 수 없는 등장 인물들이 다시 등장한다. 낭만주의 드라마의 제목만으로도 이러한 사실은 충분히 증명된다. 《크롬웰》《메리 튜더》《루크레치아 보르자》《로렌차초》 등은 친숙하고 한정된 시·공간이 아닌 상징적인 시대를 배경으로 하고 있다. 그리고 작품 제목으로 사용된 인물들은 자기 시대를 환유한다. 크롬웰은 고통받는 영국 전체를 혁명으로 일어나게 한다. 루크레치아 보르자는 피흘리는 영웅적 이탈리아를 구현하고 있다. 로렌초가 앞으로 나아갈 때, 그에게는 공화국에 대한 정열이

스며들어 있고, 관객의 눈앞에 펼쳐진 대주연과 동시에 질서에 매혹된 피렌체를 가로지른다. 영웅들은 다시 보다 광범위한 역사의 무게를 지니게 되었다. 그리고 또다시 국가적인 관심사가 사생활 문제보다 더 중요하게 여겨졌다. 연극은 다시 사회 전체를 비추고 간파하는 프리즘이 되었다. 위고도 거울의 이미지를 차용한다. 그러나 그가 사용한 거울은 다른 의미를 갖는다. 그에 따르면 만일 드라마가 자연을 비추는 거울이라면, 대상을 있는 그대로이긴 하지만 퇴색되게 칙칙하고 굴곡 없는 이미지로 비추는 평평하고 획일적인 평범한 거울이 아닐 것이다. 따라서 그에게는 모든 사물의 가장 두드러진 특질을 보여 주고, 사건·정념·성찰 등 모든 극적 관심사를 응집할 수 있는 농축 거울이 필요할 것이다.

3. 음조의 개념

《크롬웰》의 서문을 통해 그로테스크 이론을 정립하면서 위고는 현대 극미학의 토대를 마련했다. 20세기에는 그의 이론이 자명한 것으로 인식되었다. 즉 장르의 혼합, 숭고한 것과 하찮은 것의 병치, 눈물 속에 웃음 등이 그것들이다. 클로델·브레히트·이오네스코·베케트, 그리고 위고의 이론에서 상당한 몫의 결과를 이끌어 낸 '부조리' 극작가들 모두는 풍요로운 대조의 미학을 이해했다. 왜냐하면 그로테스크는 비단 숭고한 것의 이면이 아니다. 그것은 완전히 다른 문화로, 주류 예술에서 인용된 적이 없었던 문화이며, 반문화라는 측면에서 민중 문화이다. 그것은 민중과 육체, 미천한 것, 또 때로는 기형적인 것과 끔찍한 것, 때로는 희극적인 것과 익살스러운 것이다. 또한 그것은 낯설고 놀라우며 비순응주의적인 것이다. 셰익스피어와 스페인의 '황금 시대' 극작가들이 연극에 끌어들였지만, 고전주의 문화가 억압해 버린 모든 것이 이에 포함된다. 이같은 위고의 대담함이 없었더라면, 클로델이 신과 인간을 섞어 놓을 수 있었을까? 또한 알프레드 자리가 위뷔를 만들고, 베케트가 미천함에서 비장함을 끌어낼 수 있었을까?

뮈세와 상상의 연극

다른 낭만주의 극작가들과 달리 뮈세는 요란한 연극 이론을 남기지 않았다. 그의 희곡들은 관객을 만나지 못하였고, 그는 곧 자신의 작품을 상연하려는 뜻을 버렸다. 이로부터 그의 '소파 연극'이 유래한다. '소파 연극'에서 독자는 완벽한 자유를 누리므로 자기 마음대로 공간·실루엣·의상 등을 상상할 수 있다. 20세기에 이르러 연출가들은 주저 없이 이같은 환각의 세계를 인정하고 받아들였다. 환각의 세계 속에서는 원형적인 인물들──사랑을 좇는 처녀들(《장난으로 사랑을 하지 마오》에서 카미유와 로제트, 《마리안의 변덕》에서 마리안), 타락한 세상에서 절대적인 것에 몰입하여 절망한 젊은이들(《로렌차초》에서 페르디캉, 옥타브, 셀리오, 팡타지오, 로렌초)──그리고 사회의 불투명성과 사악함을 대변하는 인물들, 캐리커처적이고 그로테스크한 인물들이 교차한다. 비인간성의 이미지로 과장된 인형들은 원초적인 힘을 나타낸다. 즉 탐욕(《장난으로 사랑을 하지 마오》의 블라지우스, 브리덴), 권력에의 의지(《장난으로 사랑을 하지 마오》의 남작, 《마리안의 변덕》에서 클로디오), 순응주의와 어리석음(플뤼

쉬 부인) 등을 들 수 있다. 뮈세의 작품은 18,9세기의 의상과 배경으로 상연할 수도 있고, 20세기의 어느 시대로 옮겨 놓을 수도 있다. 상상력에 기반을 둔 등장 인물과 공간은 어떠한 시기에도 부합될 수 있다. 뮈세의 비상한 극작법은 연극의 기능을 훌륭하게 드러내 준다. 이상과 현실, 선과 악, 순수함과 방탕함, 그리고 특히 진실과 가면 사이에서 양식화된 인물들을 내세우면서 뮈세는 연극의 환상과 거짓으로 하여금 인간 조건의 진실을 말하게 하였다. 상연의 온갖 제약으로부터 벗어난 뮈세는 모든 상연에 이상적인 조건들을 제시하였다.

4
공격적인 비평

 낭만주의 드라마의 실패 이후 19세기 연극은 거울의 미학 속에 굳건히 정착한다. 이러한 연극이 선호한 주제는 항상 가정과 돈이다. 극작법은 정확·명료하다. 모든 영역 가운데서 수완을 특히 선호한다. 이제 역할과는 별도로 점점 더 존경받아 스타나 신성한 괴물이 된 배우들의 진정한 연기, 그리고 진정한 연출과 무대 배경을 보게 될 것이다. 연극은 현실, 역사, 그리고 그들이 모방한다고 자부했던 실생활과 점점 더 동떨어져서 공허하고 메마른 의식의 장소가 된다. 따라서 연극을 혁신하고 기존의 연극에 대해 과격하게 비평하려는 시도가 다각도로 행해진다. 이러한 시도들이 모두 같은 측면에 놓이지는 않지만, 총체적인 연극의 위기를 열어 보이는 데 기여한다.

1. 자연주의자들의 비평

 졸라와 자연주의자들은 해결 방안을 악에서 찾아야 한다고 본다. 사실 연극은 과학적인 방법으로 재현 가능한 현실을 망각해 왔다. 졸라는 연극이 소설처럼 작업되길 원하고, 극작가로 하여금 연출가에게 맹목적으로 일임하라고 권유한다. 사실 전유럽에 걸쳐 현대적인 연출을 고안한 것은 자연주의 연출가들이다. 프랑스의 앙투안, 모스크바의 스타니슬라프스키 등이 있다. 독일에서는 '프라이 뷔네,' 영국에서는 '독립 극단'이 발전된다. 처음의 목적은 진실이었다. 소설에서 서술이 하는 역할을 연극에서는 무대 배경이 맡게 될 것이다. 연극의 장소는 환경이 된다. 이때의 환경은 등장 인물을 만들어 내고 설명한다는 의미를 가진다. 소설가와 마찬가지로 연출가 또한 사실에 바탕을 둔 자료와 세부 사항들을 축적하게 될 것이다. 이상적인 연출은 사진술이다. 앙투안은 《벚꽃 동산》을 무대에 올릴 때 진짜 새들을 노래하게 하면서 더 멀리 나아가려 한다. 앙투안은 배우로 하여금 완벽하게 모방하려는 현실의 존재에 맞추어 연기하게 한다.

몇 가지 성과에도 불구하고 자연주의 비평의 성과는 미미하다. 진실에 대한 배려로부터 미지의 환경을 개척했다는 것과 연출에서 커다란 일관성을 발견했다는 것 정도가 그 성과라고 할 수 있다. 그러나 예술이 삶과 경쟁해야 한다는 생각, 무대적 진실의 특성에 관한 문제, 등장 인물의 정의, 연극의 기능 등 모든 것은 아직 원상태 그대로 남아 있다.

연극 이론가 졸라

무대 위에 있는 그대로의 자연을 옮겨 나무를 심고, 햇빛이 드는 진짜 집을 지을 수 있다고 믿는 것은 부조리한 생각일 것이다. 따라서 규범이 확립되고, 현실 대신에 다소간 완벽한 환각을 인정해야만 한다. 그러나 이는 논쟁의 대상과는 거리가 멀어서 거론할 필요도 없다. 이는 예술의 토대 그 자체로 이것이 없으면 어떠한 창작도 불가능하다. 화가에 대해서 색을, 소설가에 대해서 잉크와 종이를, 극작가에 대해서 작동하지 않는 조명과 시계를 탓하지 않는다. (…) 규범은 단지 변화시키는 것이고, 이는 여전히 가능하다. 우리는 전작품에서 살아 있는 존재, 생생한 세계를 창조할 수 없다. 생명 없는 재료를 사용하고 인위적인 생명만을 불어넣을 따름이다. 그러나 아무도 속이지 못하는 서툰 모방부터 기적에 가까운 거의 완벽한 재생에 이르기까지 인위적인 생명의 단계는 무궁무진하다. 사람들은 천재성의 문제라고 말할 것이다. 물론이다. 하지만 나는 또한 세기의 문제라는 사실을 거듭 말한다. 예술 가운데 삶이라는 생각은 아주 현대적인 것이다. 우리 의지와는 상관 없이 진실과 현실에 대한 열정에 휩쓸린다. 그것은 부정할 수 없고, 예증을 통해 이같은 경향이 매일매일 확산되고 있다는 사실은 쉽게 증명될 것이다. 규범이 존재하고 이동한다는 사실을 주지시키면서 이런 경향을 멈출 수 있을까? 가능한 좀더 가까이 진실에 도달하려 하고, 예술에서 인간을 창조하는 장엄한 광경을 참관하고자 하는 것은 절대적 진실과 우리들 사이에 장벽과 규범이 있기 때문이다. 《연극에서의 자연주의》

2. 니체

아폴론과 디오니소스 사이

1872년 《비극의 탄생》에서 니체는 미메시스에 대한 급진적인 비평을 내놓는다. 그리스 비극에 대한 분석을 통해 아폴론과 디오니소스를 대비시키면서, 니체는 그가 보기에 그릇된 고전주의극의 상연과 아주 다른 형태의 연극 사이의 경계선을 긋는다. 아폴론은 고독한 개인의 구현으로, 디오니소스는 인간과 자연과의 관계하에서 인간이 융합된 원칙으로 나타난다. 아폴론이 도시·문명·담론의 신인 반면, 디오니소스는 강력한 성적 능력을 가진 자연의 신이다. 디오니소스는 언어의 질서 가운데 자리잡는 대신 보편적 조화 원칙인 음악의 질서를 구현한다. 말과 음악 사이의 이같은 대립은 니체로 하여금 대화에 대해 비평할 기회를 제공한다. 그리고 이런 비평을 전개시키면서 그는 연극의 쇠퇴 이유를 설명하는 것 같다. 대사와 함께 무대 위에는 경쟁과 대화법이라는 무기의 덜그럭거리는 소리가 자리잡는다. 부르주아 연극에서 이미 사건을 희생시키면서까지 대화가 지나치게 부풀어지는 것을 보았다. 웅변에 대한 이같은 비평은 앙토냉 아르토에 의해 다시 행해진다. 이러한 비평은 현대 연극미학의 하나의 중요한 축을 이룬다. 니체는 다음과 같이 덧붙인다. 아폴론이 논리적이고 변증법적인 사상을 중시하는 데 반해, 디오니소스에게 고유한 영역은 신화이다. 20세기의 많은 극작가들이 이같은 신화의 비교할 수 없는 풍요로움을 환기했다. 아폴론적인 질서는 아름다운 이미지를 생산하고, 관객에게 즐거움을 주는 외양에 많은 가치를 둔다. 반대로 디오니소스적인 질서는 대주연의 기진맥진, 겉모습에 치우친 세계의 파괴, 열정 등으로 통한다. 이 열정은 관객을 서정적 상태, 혹은 예술 창조라는 도취 상태에 잠기게 한다. 아폴론은 인간을 역사 속에, 디오니소스는 영원 속에 둔다. 니체는 인간을 그 자신과 그의 한계로부터 끌어내어 역사로부터 떼어 놓는 연극을 이상적이고 완벽하다고 생각한다.

자치적인 예술을 위하여

연극을 모독하고, 무대 위에 평범한 사람을 등장시켜 부르주아 드라마를 고안해 냈다고 에우리피데스를 비난하면서, 니체는 재현 개념에 토대를 둔 연극 이론을 끌어들인다. 이제 관객이 보게 되는 것은 무대 위에 선 자신의 이중이다. 에우리피데스의 드라마는 교육적이고 유희적인 가치를 지닌 현실을 재현한다. 사람들은 이러한 연극을 통해서 기분 전환을 할 수 있고, 자신의 판단력을 시험해 볼 수 있다. 왜냐하면 이 드라마는 관객들을 열광적이고 물리적인 일치감에 잠기게 하는 대신 그들의 지성에 호소하고 있기 때문이다. 에우리피데스는 예술과 과학을 혼동했다. 니체가 비평한 소크라테스처럼 에우리피데스는 예술이 단지 그 자체로서만 가치를 지님에도 불구하고 예술을 진실 추구에 봉사케 한다.

20세기에 이르러 극예술 이론가들과 실천가들에 미친 니체 비평의 영향력은 대단했다. 아르토와 클로델에게서 그의 비평의 주요 노선을 다시 발견하게 될 것이다. 니체는 극언어의 본질과 필요성에 관한 문제를 제기했다. 또한 극예술이 거짓이 되었고, 배우는 협잡꾼이 되어 버렸다는 사실을 보여 주면서 서구 연극의 발전 과정을 전체적으로 분석했다. 그러므로 니체가 드리운 커다란 그림자가 20세기 연극 전체에까지 뻗어 있다고 말하는 것이 과장은 아니다. 니체가 보기에 예술은 치료나 승화의 기능을 가지고 있지 않다. 연극은 아리스토텔레스가 꿈꾸었듯이 카타르시스가 행해지는 마법의 장소도 아니다. 예술은 새로운 삶의 가능성을 만들어 내지만 도덕적으로 다른 사람들을 이끌지는 못한다. 관객은 향유할 권리를 되찾는다. 관객은 교훈을 얻으러 극장에 가지는 않는다.

신화의 죽음, 역사의 탄생

디오니소스의 진실은 자기 자신에 대한 확신의 상징으로 사용될 신화 영역을 이어받고 있다. 디오니소스의 진실은 이러한 상징들을 때로는 공개적인 비극의 의식으로, 때로는 극적인 신비감을 지닌 비밀스러운 실행으로, 하지만 언제나 오래 된 신화의 너울을 쓴 상태로 표현한다. 프로메테우스를 독수리들로부터 해방시키고, 신화를 디오니소스적인 예지의 전달자로 만든 힘은 어떤 것일까? 바로 음악의 힘이다. 헤라클레스의 힘에 비길 만한 음악의 힘은 비극에서 최상의 형태에 다다르고, 비교할 수 없는 심오함으로 신화를 새로이 해석할 수 있다. 이것은 우리가 앞서 보여 주려 했던 것처럼 음악이 할 수 있는 최상의 행위이다. 왜냐하면 소위 역사적 현실의 척도에 따라 점점 더 위축되고, 단 한 차례만 혁신되어도 훗날 역사 비평의 요구가 적용되는 사건들로 다루어지는 것은 모든 신화가 겪는 운명이기 때문이다. 그런데 그리스인들은 비평 정신과 자의적인 결정에 의해 젊은 시절의 신화적 꿈을 실제 사건에 근거한 '역사'로 변형시키면서 이미 이 길로 접어들었다. (…) 신화는 비극 덕분에 가장 심오한 내용과 풍요로운 표현 형태에 다다른다. 신화는 부상당한 주인공이 그러하듯 마지막 힘을 다해 다시 일어선다. 그의 눈에는 죽어가는 자의 고요와 예지로 넘쳐나는 힘이 마지막 불꽃처럼 활활 타오르며 빛난다. 《비극의 탄생》, 비앙크 역, 갈리마르, 1949)

5
상징주의의 혁신

1. 새로운 극작법

연극에 대한 모순된 계획

사실 상징주의 연극은 현대 연극을 깊이 변화시키지 못했고, 알프레드 자리와 클로델 같은 비주류의 몇몇 작품들을 제외하고는 주요 작품을 남기지도 못했다. 따라서 혁신이라고 말할 때, 이는 극적 중요성보다는 앞서 분석한 상연의 위기에 대한 독창적인 대처 방안으로부터 비롯한다. 합리성과 논리의 쇠퇴, 시간의 분할과 상대성을 제시한 철학의 탄생, 현실의 유동성, 초보 단계의 무의식 이론, 이 모든 것들이 상징주의 극작가들에게서 반향을 불러일으킨다. 그들은 이미지와 유추로 움직이는 사상을 내세운다. 또한 개인의 해석과 암호 해독 능력을 옮겨 놓고, 암시하고 일깨우려 애쓴다. 그리하여 세상이 신비로 가득하고, 꿈과 생시, 상상과 현실 사이에는 교감이 있다고 가정한다. 그렇지만 총체적으로 현실을 거부하는 시각을 무대 위에서 어떻게 표현할 수 있을까?

'순수극'을 위하여

상징주의 연극이 제시한 해답은 현대 연극미학에 직접적으로 관계된다. 우선 재현과 구현이라는 온갖 우연성에서 해방된 절대 예술에 대한 꿈을 드러내기 때문에 그러하다. 말라르메는 이러한 꿈에 대해 가장 순수한 표현을 제시한다. 그는 햄릿에 관하여 다음과 같이 말한다. "인생의 초창기에 우리에게서 사라진 사춘기는 그 특성 가운데 하나인 무거운 분위기로 인해 고매하고 사려 깊은 정령들에게서 떠나지 않을 것이다. 나는 그 드러나고픈 병 때문에 사투를 벌이고 있는 사춘기 소년을 알아본다."《연극 스케치》) 말라르메가 나중에 '우리 정신의 유일한 연극'이라 명명한 이 드러나고픈 병은 상징주의 논리가 무대, 배우의 육체, 물질적인 무대 배경을 제거하는 것이라는 사실을 잘 드러낸다. 대신 상징주의는 비물질, 즉 정신의 비물질적인 특성만이 유일하게 가치 있는 것이라 생각한다. 그렇지만 이것은 나타나는 것이 아니고, 바그너 작품의 발견으로 풍요로워진 진정한 의미의 상징주의 연출이 존재한다. 상징주의자들에게 바그너의 음악 드라마는 여러 가지 이유로 매혹적이다. 우선 그 안에 시·무용·음악 등 여러 가지 예술이 합쳐져 있기 때문이다. 또 전설적인 상징주의와 음악적 라이트모티프에 의지하는 바그너의 드라마가 가시적인 형태를 보여 주기 위해 형이상학적인 드라마에서 신화와 음악을 결합시키기 때문이다. 구체적으로 상징주의 연극은 등장 인물을 어떤 특정한 세상에 위치시킬 수 있는 모든 전기적·역사적·지리적 흔적을 지워 버린다. 이렇게 함으로써 작품을 시간과 공간의 제약으로부터 해방시킬 수 있을 것이다. 상징주의 연극은 사실 보편적이고 아주 오래 된 열정을 환기시키고자 한다. 이렇게 해서 등장 인물들은 이름이 없고, 여성·남성·순수·부패 등을 상징할 수 있다. 무대 위에는 전설이나 신화에서 빠져 나온 불확실한 실루엣, 운명이 시키는 대로 말하고 행동할 따름인 유령들이 겨우 드러날 따름이다. 이처럼 철저한 비현실주의에 의해 상징주의는 미메시스에 부합하지 않고 창조적 환상만을 따르는 순전히 상상에 토대를 둔 극세계를 구축한다. 같은 맥락에서 잃어버린 양식화를 되찾고, 연극성을 되살아나게 한다. 또한 극적 현상의 고유한 가치를 강조하기 위해 환각의 도그마를 거부한다. 등장 인물은 언어를 통해 완전히 세상으로부터 동떨어진다. 시적이고 희귀하며, 서정적이고 음악적인 이 언어는 일상적인 산문과 단절된다. 그리고 초자연적이고 신성한 힘과의 만남을 통해 인간의 고통과 환희를 암시하려 한다. 니체는 아이스킬로스와 소포클레스의 그리스 비극을 모든 연극의 표본으로 삼았다. 마찬가지로 상징주의자들은 진실다움에 무감하고, 사랑과 죽음이 지배하는 운명의 강력한 힘을 보여 주면서 인생의 본질적인 갈등에 눈을 돌린 극작법을 이상적이라고 여긴다.

 비주류이긴 하지만 이러한 시극은 특별히 극적이고, 비현실적이며 우의적인 연극에 대한 현대적인 개념에 있어서 새 길을 개척하였다.

2. 상징주의 드라마: 《펠레아스와 멜리장드》

말라르메의 표현을 빌리면, 1893년에 상연된 메테를링크의 《펠레아스와 멜리장드》는 '훌륭한 옛 멜로드라마의 보다 나은 이본(異本)'이다. 골로 왕자는 멜리장드와 결혼하는데, 신부는 곧 신랑의 이복동생인 펠레아스를 사랑하게 된다. 이러한 사실을 알게 된 골로는 펠레아스에게 멜리장드 곁을 떠나도록 권유한다. 그렇지만 펠레아스는 떠나기 전에 마지막으로 멜리장드를 만나고 싶어한다. 이렇게 해서 둘은 마지막 만남을 갖게 되고, 골로가 그 장면을 목격하게 된다. 이에 격노한 골로는 펠레아스를 죽이고, 멜리장드에게 심한 부상을 입힌다. 그리고 멜리장드는 죽기 직전 딸을 출산한다.

작품 배경은 숲, 동굴, 샘, 궁정의 정원과 같은 야외이다. 버드나무 가지는 멜리장드의 머리카락이기도 하고, 샘물에 비친 연인들의 얼굴은 진짜 얼굴만큼 사실적이다. 이 작품의 시대 배경은 언제일까? '작품 극단' 단장이며 위대한 상징주의 연출가인 뤼녜 포가 이 작품을 상연하려 했을 때 메테를링크는 주저했다고 한다. 11세기, 12세기, 아니면 15세기?

사실 멜리장드는 단순한 여자가 아니다. 그녀는 초자연적이고 이상적인 미를 구현하고 있다. 아울러 그녀는 사랑 때문에 죽음에 이르는 잔인한 운명의 순진한 도구이기도 하다. 빛과 그림자의 대립은 메테를링크의 극작법에서 욕망과 순결, 육체와 정신, 인간과 신의 유혹을 형상화한다. 창백한 색채(멜리장드의 연보라색, 펠레아스의 초록색)는 모든 것이 의미를 가지는 동화(童話)적 분위기를 만든다. 대사는 짧고 투명하지만 거의 무의미한 대화로 이루어진다. 또한 반복과 단절로 리듬감을 가진 대사는 단어 뒤에 숨겨진 신화를 암시한다. 관객은 자신의 상상력으로 이 신비를 간파할 것이다.

3. 뤼네 포와 '작품 극단'

세계적인 연출가

뤼네 포는 1893년에 '작품 극단'을 창단했다. 그 전에 뤼네 포는 시인 폴 포르가 이끄는 최초의 상징주의 극단인 '예술 극단'에서 일했었다. 뤼네 포는 프랑스 상징주의자들의 희곡 외에도 입센·스트린드베리 같은 스칸디나비아 극작가들과 하우프트만 같은 독일 극작가의 작품들도 무대 위에 올렸다. 그는 또한 1896년 12월 10일 아방가르드의 선언서 구실을 하게 될 작품 한 편을 상연했다. 바로 알프레드 자리의 《위뷔 왕》이었다. 《위뷔 왕》은 《에르나니》 싸움에 비길 만한 스캔들을 터뜨렸다. 연출 방식에 대한 뤼네 포의 선택을 묘사하기는 어렵다. 화가들(뷔야르·보나르·툴루즈 로트레크)과 함께 작업했다는 사실을 통해, 그가 무대를 캔버스(등장 인물의 의상도 포함하여)로 여기면서 확실히 회화적인 작업에 대한 생각을 갖고 있었음이 드러난다. 같은 맥락에서 그는 배우들의 말을 신중하고 때로는 최소화시키는 방식을 택했다. 그러나 극단적인 비현실주의를 추구한 덕분에, 연출에서 진정한 스틸을 확립하는 데 이르지 못했다. 그렇지만 각광의 제거, 연기하는 배우와 이야기하는 배우로 등장 인물을 양분하는 것 등 새로운 상연 방식들을 발견했다. 이에 관해 현대 연극은 그 유용성을 인정했다.

형이상학적인 연극을 위하여

뤼녜 포는 무엇보다 형이상학적인 등장 인물과 갈등 구조를 지닌 새로운 연극, 즉 스칸디나비아 연극을 프랑스에 소개했다. 1890년에는 《유령》을, 1892년에는 '현대 극단'이 《바다의 여인》을 상연한다. 곧이어 '작품 극단'이 《건축가 솔네스》《꼬마 에위올프》《페르 귄트》를 차례로 상연한다. 특히 《페르 귄트》는 입센의 주요 작품 가운데 하나로, 1867년에 씌어지고 20년 후에는 전유럽에 걸쳐 널리 알려진 작품이다. '모든 것이 아니면 아무것도' 원하지 않는 완고한 목사가 등장하고 절대의 주제, 특히 사랑의 주제로 전개된다. 뤼녜 포가 상연한 입센의 연극은 어떤 우의적인 원경을 가지고 있고 사실주의적이다. 이는 연극이 작품 해석에 가할 수 있는 변형의 좋은 예가 된다. 이 작품을 상징주의로 이끌어 가고, 메테를링크의 표현대로 '대화 속에 스며드는 제3의 인물, 홀로 지칠 줄 모르고 심오한 삶을 사는 미지의 인물'을 등장시킨 것은 연출가의 작업이었다. 상징주의 극작가들과 연출가들은 연극에서 줄거리와 등장 인물의 심리를 퇴보시켰고, 대신 형이상학적 메시지 전달에 관심을 기울였다.

6

전위 연극

1. 알프레드 자리의 인형극

《위뷔 왕》

 아라공의 옛 왕이자 폴란드 용부대 대장인 위뷔는 폴란드 왕 방세스라스를 죽이고 왕권을 탈취하라는 아내의 권고를 받는다. 그는 이 역모를 꾸미면서 보르뒤르 대장과 협력하고, 그 대가로 리투아니아 공작 자리를 약속한다. 이렇게 해서 위뷔 일당에 의해 왕의 일가는 몰살당한다. 단지 왕의 막내아들인 부그르라스만이 목숨을 건져 달아난다. 일단 왕위에 오른 위뷔는 상식 밖의 통치로 일관한다. 자신의 부를 축적하기 위해 귀족·법관·재정관들을 몰살한다. 스스로 책정한 세금을 걷으러 직접 돌아다니고, 국민을 두려움에 떨게 한다. 게다가 자신의 공모자인 보르뒤르에게 약속한 대가도 지불하지 않는다. 이에 화가 난 보르뒤르는 러시아로 달려가 황제에게 충성을 다짐한다. 러시아 황제는 곧 폴란드를 공격해 온다. 위뷔는 부인에게 섭정을 맡긴 채 전장으로 떠나고, 위뷔 부인은 폴란드 국민의 지지를 받은 부그르라스에 의해 쫓겨난다. 부부는 산속 동굴에서 재회하지만, 부그르라스에게 추적당하여 그곳을 빠져 나와 프랑스를 떠난다.

《위뷔 왕》은 셰익스피어의 역사극 도식에 충실히 따르고 있다. 또한 이런 이야기는 시대나 장소에 상관 없이 통용되는 서사극의 원형이기도 하다. 하지만 이 작품의 특성은 이런 원형들을 패러디해 놓았다는 사실이다. 이 작품은 엄청난 소극으로, 얼른 보면 상징주의 연극과의 관계가 요원한 것 같다. 그렇지만 위뷔의 연극적 세계는 완벽하게 자발적이다. 배경으로 환기된 폴란드는 지도상에 존재하지 않는 무의미한 공간이다. 그리고 행동의 동기도 없고 행동이 정당화되지 않는 등장 인물의 심리적 비현실주의는 극에 달한다. 절대적인 자의성이 군림할 따름이다. 위뷔는 행동하는 것이 아니라, 본능적이고 동물적인 방식으로 반응할 뿐이다.

스캔들의 이유

어떤 이유로 한낱 중학생들의 습작(위뷔는 애초에 물리 교사를 조롱하기 위해 중학생들이 쓴 습작에서 비롯했다)이, 그 반향이 지금껏 지속되는 연극의 혁신으로 이끌어졌을까? 《위뷔 왕》의 초연 관객들은 작품의 공격성을 비난했다. 사실 알프레드 자리는 제스처와 어휘에 관한 낡은 예의바름의 규칙을 산산조각내 버렸고, 전대미문의 등장 인물들이 보여 주는 과장과 양식화를 통해 진실다움의 규칙을 파괴했다. 등장 인물들을 불완전한 인형으로 만들고, 사물화된 그들을 미메시스의 세계에 끌어들임으로써 배우와 역할 사이에 거대한 뒤틀림을 유발했다. '알프레드 자리식의' 배우는 정체성을 갖지 않는다. 그는 역할에 맞는 가면을 쓰고, 등장 인물의 기능에 따라 몸의 형태를 만들며(위뷔는 기형에 가까운 뚱보이다), 가능한 비인간적이고 합성된 음성을 가진다. 이렇게 해서 단 한 명의 단역이 군대 전체를 나타낼 수도 있고, 사람이 문을 대신할 수도 있다. 환기도 모방도 없다. 반면 몇 가지 상징적인 소품들은 인성이 없는 듯한 등장 인물의 '인성'을 이룬다. 이를테면 위뷔에게 가장 유명한 것은 '뭐라 명명할 수 없는 빗자루'(화장실용 빗자루)나 '똥〔알프레드 자리는 프랑스어로 대변을 나타내는 'merde'가 아니라 언어 유희적인 측면을 강조한 'merdre'를 사용했다〕 갈고리' 등이다. 특히 '똥 갈고리'는 '돈 갈고리'나 '귀족 제거용 갈고리' 등 상황에 따라 자유자재로 변화된다. 또 한 가지 예로는 '뇌 벗기기 기계'(인쇄기)를 들 수 있다. 이렇게 구성된 인물을 알프레드 자리는 연극의 기계만큼 헐벗은 인물, 즉 '걸어다니는 추상'으로 지칭한다. 공허한 위뷔는 불특정한 시간과 공간을 넘나드는 노골적인 욕망에 불과하다. 또 양식화된 위뷔는 식욕·공포·생존의 욕구 등 원초적인 욕구에 의해서만 움직이므로 보이지 않는 실로 조종되는 인형과 같다. 알프레드 자리는 이러한 욕구를 세 가지로 분류하는데, 위뷔의 정신 세계 속에서 이 세 가지는 동일한 것으로 여겨진다. 물리학, '돈' 그리고 '똥'이 그것들이다. 이 작품을 통해 사용된 웃음은 아주 새로운 의미를 지닌다. 웃음이 두려움을 유발하고 관객을 공격한다. 한편 알프레드 자리는 관객들에게 위뷔라는 형태로 추잡한 또 다른 자기 자신을 보여 주고 있다.

패러디의 기능

알프레드 자리가 창조한 세상과 연극의 관계는 엄밀히 말해 패러디이다. 연극의 패러디 자체는 역사극·보드빌·비극의 모델을 통해 보았듯이 소극에 의해 조롱되었다. 이를 통해 소극은 반문화의 표현이라는 자신의 임무를 되찾은 셈이다. 단지 패러디만이 오랫동안 거울이라는 무대 이미지에 도달하면서 세상의 이미지 또한 문제삼는다. 왜냐하면 위뷔의 세계는 일반화된 무정부주의에 의해 다루어지기 때문이다. 그리고 이러한 혼란은 논리, 상관 관계(내적인 비모순의 원칙은 존중되지 않는다), 시·공간적인 재현, 도덕 그리고 사회 생활의 원칙 등에 무질서하게 도달한다. 한편 위뷔의 언어는 갑작스럽게 자치적이 되어 버렸고, 의미에서 완전히 자유로워졌다.

2. 클로델과 총체적 드라마

무대의 정복을 위해서

클로델의 희곡은 상징주의 연극과 거의 동시에 씌어졌지만 오랫동안 알려지지 않았다. 그 이유는 클로델이 관객과 연출가를 만나는 데 시간을 두었기 때문이다. 1912년 뤼녜 포가 《수태고지(受胎告知)》를 상연할 때, 폴 클로델은 이미 아주 독창적인 다섯 편의 희곡을 써놓은 상태였다. 물론 이 작품들은 여기저기서 현대 극미학적인 특성을 드러내고 있다. 이를테면 사실주의와 전통적인 심리적 메커니즘에 무감한 그는 이상적이고 그리스도교적이며, 형이상학적 고통과 고뇌가 지배하는 연극을 창조해 냈다. 이 작품의 성공과 더불어 그의 작품 상연이 꼬리를 물고 이어졌다. 1914년 코포가 상연한 《교환》, 1921년 '예술과 행위' 그룹이 상연한 《정오의 극점》, 1943년 장 루이 바로에 의한 《비단 구두》 등을 들 수 있다. 클로델이 죽은(1955년) 후에도 오랫동안 거만하고 신비롭게 간주되었던 이 작품의 성공은 번복되지 않았다.

클로델의 극 형식

클로델은 인간의 삶을 '투쟁'이라는 어원적 의미를 살려 극적이라고 인식한다. 삶의 형태를 갖춘 드라마는 모든 인간의 행동에 놀라운 가치를 부여하는 그리스도교적 계시에 연결된다. 그의 매 작품 내부에는 모순된 세력 사이의 갈등이 존재한다. 이를테면 본성과 은총, 남자와 여자, 질서와 무질서, 오래된 것과 새로운 것, 그리고 이러저러한 등장 인물의 개인성보다 더 본질적인 커다란 상징들. 이렇게 해서 《도시》에는 근원적인 하나의 문제를 둘러싸고 네 명의 남자와 한 명의 여자가 등장한다. 이 문제는 바로 고대의 폐허 위에 어떻게 새로운 질서를 구축할 것인지에 관한 문제이다. 남자들은 저마다 가능한 해답을 제시한다. '아무것도 아니기' 때문에 절망적이라고 할 수 있는 자연의 비밀을 발견한 학자의 답변. 정의롭지 못한 사회를 바로잡을 수 있는 정치가의 답변. 도시가 부패했으므로 파괴해 버리자는 폭도의 답변. 자연 가운데서 제조의 비밀이 아니라 조화의 비밀을 찾는 시인의 답변. 이같은 4중창의 구조는 《교환》에서 역시 지배적이다. 이 작품의 배경은 미국이지만, 특정한 장소를 나타내기 위한 배려는 전혀 존재하지 않는다. (상징주의의 기능적인 비사실주의를 다시 보게 된다.) 아메리칸 인디언으로 불안정하고 몽상가인 루이 렌은 마르트를 납치하여 그녀와 결혼한다. 마르트는 루이를 사랑하고 그에게 충실한 여자이다. 루이는 어느 날 무역업을 하는 사업가 토머스 폴록 나조아르를 만나게 되고, 나조아르는 마르트에게 반한다. 나조아르는 루이에게 서로의 아내를 교환하자고 제안하고, 루이는 그 제안을 받아들인다. 나조아르의 아내 레쉬 엘베르농은 여배우로 루이를 사랑하게 된다. 마르트 혼자서 반대하지만 소용 없는 일이다. 그러다 루이는 자신을 암살하려 하고, 집에 불을 질러서 나조아르를 파산시킨 레쉬 곁을 떠나려 한다. 애정 드라마인 동시에 완벽하게 돈에 근거한 물질적 세상을 나타내는 드라마인 이 작품에 등장하는 두 여자의 성격은 상반된다. 마르트가 부부간의 사랑과 도덕을 신뢰하는 여성들의 상징이라면, 레쉬는 여성의 어두운 면으로 자유롭고 위험한 미국 여성을 상징한다. 삶을 상징하는 마르트를 버리면서, 루이는 운명적인 여배우가 상징하는 죽음을 향해 가게 된다. 레쉬는 법 없는 미국적 자연을 은유하고, 마르트는 현명하고 달콤한 프랑스의 전원 풍경을 은유한다. 4중창의 또 다른 예가 있다. 바로 《정오의 극점》으로 이 작품에는 세 명의 남자와 한 명의 여자가 등장한다. 각자 세상에 대한 시각과 삶의 방법을 구현하는 세 남자는 이제라는 한 여자를 사이에 두고 서로 헐뜯는 사이가 된다. 여기에서 이제는 서양에서 사랑을 상징하는 여인인 이졸데의 변형된 모습을 띠고 있다.

클로델의 드라마는 일상적인 세계를 재현하는 데 관심을 기울이지 않는다. 그의 극의 목표가 보이는 것과 보이지 않는 것 사이의 대화이고, 모든 것이 신의 시선 아래서 행해지기 때문이다. 그러므로 우화가 승리하고, 희생의 순수한 표현이 극의 중심부를 차지한다. 이를 보여 주는 작품이 《비단 구두》이다. 이 작품은 '총체적 드라마'라고 일컬어지는 클로델 작품들 가운데 가장 성공한 것으로 그 배경은 세계 전체이다.

한 가지 예: 《비단 구두》

4일(원어는 journée; 이 용어는 스페인 황금 시대의 코메디아에서 차용했다) 동안 펼쳐진 일을 다룬 이 작품은 사랑의 희생에 관해 이야기한다. 늙은 펠라주의 아내 프루에즈는 로드리그 드 마나코르를 사랑하게 된다. 그녀는 언젠가 부상당한 그를 치료해 주었었다. 로드리그 역시 프루에즈를 사랑한다. 비록 자신의 사랑을 끝까지 밀고 나가겠다고 결정했지만, 독실한 그리스도교 신자인 프루에즈는 신 앞에서 남편에 대한 충성 서약을 한 탓에 갈등한다. 결국 절름거리는 한 발로 사랑을 찾아 떠나겠다는 뜻으로 성모 마리아의 손에 비단 구두 한 짝을 맡긴다. 그렇지만 그녀의 남편 펠라주의 간청으로 스페인 왕이 두 연인을 떼어 놓게 된다. 로드리그가 아메리카 원정을 떠난 사이, 프루에즈는 이교도들로부터 모가도르의 모로코 요새를 수호하라는 명령을 받는다. 프루에즈는 이 명령에 복종한다. 그녀는 카미유의 도움으로 모가도르를 수호한다. 이슬람교로 개종한 스페인 귀족인 카미유는 프루에즈를 사랑하게 되고, 남편이 죽은 후 프루에즈는 카미유의 청혼을 받아들인다. 그녀는 카미유와의 사이에 7검(劍)이라는 별명을 가진 딸을 낳는다. 10년이 지난 후에야 마침내 프루에즈가 보냈던 연서를 받아 본 로드리그는 아메리카에서 귀환하여 모가도르를 포위한다. 이교도들 쪽으로 승운이 감돌았고, 카미유와 프루에즈는 더 이상 저항할 수 없다. 프루에즈는 기함까지 로드리그를 찾아간다. 작품 전체를 통해 유일하게 그들의 만남이 허락되는 순간이다. 프루에즈는 로드리그에게 설령 그와 함께 떠날 수 있다 하더라도 자신은 모가도르에서 죽을 결심을 했다는 말을 한다. 그리고는 로드리그에게 작별을 고하면서 자신의 딸을 그에게 맡긴다. 그녀의 딸은 육체적으로는 카미유와의 사이에서 난 아이지만, 정신적으로는 그녀가 로드리그에 대해 가졌던 끝내 이루지 못한 사랑으로 태어난 아이였다. 프루에즈와 카미유는 폭발하는 요새와 더불어 스러져 갔다. 로드리그는 딸 7검과 함께 다시 길을 떠난다. 극의 네번째이자 마지막 날은 희생을 인정하지 못하는 로드리그의 느린 행보와, 자신이 사랑하는 남자 장 도트리쉬와 결혼하여 떠나 버리는 7검의 운명으로 채워진다. 그녀는 레판토의 승리(이를 통해 그리스도교도들이 이슬람교도들을 무찌른다)와, 로드리그와 프루에즈의 사로잡힌 영혼들이 해방되는 것을 기념하는 예포가 터지는 순간에 자신의 사랑을 찾아 떠난다. 상심한 사랑을 대위법으로 삼아 뮤직과 나폴리의 부왕 사이의 행복한 사랑이 그려진다. 7검과 결혼하게 되는 장 도트리쉬가 바로 이 나폴리 부왕의 아들이다.

이 놀라운 작품(《비단 구두》를 원본대로 상연하려면 열다섯 시간이 필요하다)은 연극의 법칙들에 대한 진정한 의미의 도전이다. 이 작품에서 클로델은 연극의 세계가 순전히 상상적이고 시적이라는 사실을 즐겨 환기시킨다. 사흘째와 나흘째 사이에는 10년의 간극이 벌어지고, 무대는 '세계' 전체라니…… 시간이나 공간에 대해 사실적인 재현을 고집할 필요가 없다. 클로델이 강조한 바와 같이 무대 배경은 서툴게 그려진 하나의 배경막으로 만들어질 수 있다. 만일 배를 표현하기 어렵다면 배우로 하여금 작은 배가 들어 있는 유리병을 들고 있게 하면 된다. 드라마에서 시간은 단지 내적인 현실을 지닐 따름이어서 역사적 연대기로부터 완전히 자유롭다. 이로 인해 레판토의 승리와 무적의 아르마다에서의 패배는 순서가 뒤바뀌기까지 했다! 등장 인물들은 그들을 초월하는 보다 넓고 심오한 현실의 기호와 같다. 로드리그는 정복자이면서 행동하는 인간의 형상이지만, 그 한계를 씁쓸히 느끼기도 한다. 그의 연인 프루에즈는 육체의 무게 아래 번뇌하는 영혼을 상징한다. 그리고 아름다운 창조물인 뮤직이 외양적인 무질서에도 불구하고 세상에는 신성하고 조화로운 질서가 있다는 사실을 되살려 준다.

클로델의 형이상학적인 드라마에서 인간은 스스로를 구원하는 데 있어서 무기력하다는 사실과, 그가 구축하고 있다고 믿는 것이 허무하다는 사실을 체험한다. 그의 드라마는 의식(儀式)이고, 인간의 몸짓의 의미가 드러나는 성스러운 예식이다. 드라마에는 시작과 끝이 있다. 드라마에서의 사건들은 독자적으로 일어나는 것이 아니라 보다 나은 현실, 즉 배경으로 사용되는 창조와 구원의 위대한 드라마라는 현실 아래서 행해진다. 성서의 가르침에 충실한 클로델은 다음과 같은 사실을 지지한다. 즉 세상 전체를 구성하고 집성시킬 수 있는 선(善)은 연결 원칙을 따르고, 악(惡)은 세상과 성서에 대해 파괴 원칙을 따른다. 운율도 시구도 없는 클로델의 시는 성서의 문장과 랭보적인 문장이 혼합되어 있고, 클로델에게 있어서 드라마라는 희생을 경배하기 위해 의도적으로 비현실적이고 시적인 형태를 띠고 있다. 클로델의 연극은 인간들로 하여금 창조의 궁극 목적인 희생의 명령에 따르도록 한다. 즉 지상에서 고통받는 영혼들에게 신은 내세에서의 기쁨을 약속하고 있다. 클로델은 이렇게 그리스도교적이고 보편적인 드라마를 가톨릭 연극이라고 한다.

7

연극인들에 대한 성찰

1. 총평

  19세기말과 20세기초 약 15년간 현대 연극에 관한 수많은 자료들이 정립된다. 이러한 풍요로움은 '무대와 세상 사이의 관계는 어떤 성질인가?'라는 예리한 문제에 대해 다양하고 복잡한 답변이 존재하는 것으로부터 유래한다. 그런데 이미 보았듯이 이 문제는 역시 근본적인 또 다른 문제들을 제기하게 만든다. 그 문제들은 현실의 정의에 관련된 것으로, 미메시스 개념의 유효성을 문제시하고 연극의 고유 기능들을 실생활에 끌어들이도록 강요한다. 작가·이론가·연출가 모두 단 하나의 적을 상대로 싸우고 있다. 부르주아 소비 연극의 환각에 의거한 사실주의에 대항하여 싸우는 것이다. 그렇다고 해서 모든 해답이 공동의 목표를 갖고 있지는 않다. 낭만주의 극작가들처럼 현실에 역사의 무게를 실을 수도 있고, 무대를 비평적 의문의 장소로 만들 수도 있다. 또는 상징주의자들과 클로델처럼 연극을 예술의 세계로 돌려 주기 위해 연극의 비현실주의를 선언하고, 연극을 현실로부터 단절시킬 수도 있다. 혹은 알프레드 자리처럼 무대를 혼란에 빠뜨리고,

등장 인물을 파괴해 버릴 수도 있을 것이다. 알프레드 자리는 등장 인물을 부조리하고 그로테스크한 인형으로 만들어 버렸다. 그렇지만 알프레드 자리처럼 극단적인 경우조차도, 고전적인 상연 질서에 토대를 둔 어떤 것이 남아 있다. 그러므로 아직까지는 이제 곧 이야기하게 될 단절의 지점에 도달하지 못한 상태이다. 연극 역사에서 완전히 새로운 장이 열리려면 루이지 피란델로, 베르톨트 브레히트, 앙토냉 아르토로 이루어진 트리오(소개의 필요에 따라 이렇게 엮었다)를 기다려야 한다. 하지만 그렇다고 해서 이들 이후 과거로의 귀환이 없다는 의미는 결코 아니다. 사교계 오락으로서의 연극, 장식 연극, 순진할 정도로 환각적인 연극 등은 그 수명을 다하지 않았고, 알려진 대로 서구에서 비도덕성의 특권은 향유되는 것 같다.

피란델로의 극작법, 브레히트의 서사극 이론, 아르토의 잔혹극론 등은 연극계에 중대한 발자취를 남겼다. 하지만 이들의 이론을 살펴보기 전에, 20세기초 배우와 연출 기법에 관한 성찰을 통해 연극의 위기에 대처하려 했던 연극인들에 대해 간략하게나마 짚고 넘어가야 할 것이다.

2. 앙투안, 스타니슬라프스키, 크레이그 등과 그밖의 사람들

이 간략한 도표의 자료들은 유럽에서 동시에 같은 문제를 제기했던 연극인들 사이의 세대간 공동체를 잘 드러내 준다.

몇몇 이름과 연보

앙드레 앙투안(1858-1943): 프랑스 연출가. 1887년 '자유 극단' 설립. '앙투안 극장'과 '오데옹 극장' 장 역임.
자크 코포(1879-1949): 프랑스 연출가. 1913년 '비외 콜롱비에 극단' 설립자. 될랭·주베·바로·빌라르 등에게 지속적인 영향을 미침.
콘스탄틴 스타니슬라프스키(1863-1938): 러시아 연출가. 1897년 모스크바에서 '예술 극단' 설립.
아돌프 아피아(1862-1928): 스위스 연출가. 구성주의에 가까운 진정한 무대장치가.
에드워드 고든 크레이그(1872-1966): 영국 연출가. 서구 연극의 주요 혁신가 가운데 한 명.

앙투안은 가장 아웃사이더에 속하는 인물이다. 졸라나 자연주의 연극과 밀접한 관계를 맺고 있는 앙투안은 사실주의 연출가라는 이미지로만 국한시킬 수 없다. 우선 그는 무대 위에서 새로운 재료를 탐색했고, 순진한 사실주의와 단절했다. 그러나 그는 특히 연극에 대한 민주적 개념에 의해 20세기 연극의 흥미를 끈다. 공공 서비스로 간주된 연극과 민중극의 선구자(그는 가난한 사람도 공적 생활의 장소로 여겨지는 곳에 받아들여졌다고 느끼도록 입장권 가격을 낮추려 했다)인 그는 건반과 같은 배우에 대한 이론을 구축하기도 했다. 건반과 같은 배우는 너무나 유연하고 직업적이어서 작가가 마음대로 연주할 수 있다는 생각에 토대를 두고 있다.

코포는 매우 고전적인 극취향을 드러냈고, 아주 간소한 연출 방식을 선호했다. 그는 프랑스에서 '헐벗은 무대,' 달리 말하면 극단적으로 간소화된 무대의 선구자였다. 왜냐하면 우선 그가 기술적 혁신, 즉 쉽게 관객들을 현혹하는 '속임수'를 아주 싫어하기 때문이었다. 다음으로는 배우를 작품과 객석 사이의 진정한 매개자로 신성시했고, 그렇게 함으로써 상연에 대한 해석에서 한 걸음 더 나아갔다. 특히 코포는 주베의 연기 개념에 근원을 제공했다.

스타니슬라프스키는 특히 배우의 형성에 관해 앙투안과 코포의 혁신적인 생각을 깊이 파고들었다. 그의 '심리 기술적' 방법은 배우로 하여금 철저한 심리 연구로 등장 인물을 인식하게 하려는 목적을 갖고 있다. 등장 인물을 살아 있는 존재로 여길 만큼 철저히 등장 인물화된 배우는, 마치 자기 자신은 존재하지 않는 것처럼 무대 위에서 역할로만 살아간다. (미국 배우들의 '사적인 순간'은 스타니슬라프스키의 영향을 받았다.) 스타니슬라프스키의 방법은 곧 '육체 행위'라 일컬어지는 방법으로 발전된다. 브레히트가 이 방법을 다시 사용하게 될 것이다. 스타니슬라프스키는 이전에 심리학의 영역으로 간주했던 추진력을 육체에 예속시켰다. 배우에게 거리두기의 기법과 역할에 대한 아주 구체적인 접근을 암시하는 것이다. 이렇게 하는 데는 모든 감정을 민감한 세상의 자료들과 연결시키고, 감정에 관한 기억이 관련되는 이미지와 모든 감각을 연관시키려는 배려가 필요하다. 스타니슬라프스키가 원하는 배우는 한 가지를 말하면서 다른 것을 느껴야 한다. 배우는 단어로부터 이미지를 만들고, 말해진 것과 말해지지 않은 것, 명확성과 불명확성 사이의 쉼 없는 왕래를 느끼게 할 수 있다. 배우에 대한 이러한 개념의 이점은 이론의 토대가 되는 배우 이전의 인격체로서의 사람과 관련된 이론 가운데 있다. 스타니슬라프스키는 너무나 자주 언급해 온 축소적인 의미의 사실주의에서, 멀리 버지니아 울프나 프루스트에 가까운 내면 생활에 대한 시각을 내세운다. 버지니아 울프나 프루스트의 내면은 유동적이고 간헐적이며 포착하기 어렵다. 우리는 언제나 이미지·추억·단편들에 사로잡혀 있다. 배우가 느끼게 해야 하는 것이 바로 그 점이다. 영국과 미국에서의 엄청난 스타니슬라프스키의 영향을 새삼 강조할 필요가 있을까?

여기 언급된 연극인들 가운데 **크레이그**는 가장 급진적이기 때문에 가장 독창적인 인물일 것이다. 크레이그는 배우이자 연출가이고, 무대장치가이면서 장식가이다. 그는 우선 작가, 배우, 그리고 그가 무대 감독이라 지칭한 연출가 사이의 고전적인 관계들을 재검토하려 했다. 그가 보기에 연극은 창조이지 모방이나 재구성이 아니므로 그는 반사실주의를 내세우고, 극작품에 필요한 '통일성(unité)'을 강조한다. 그는 통일성을 계산되고 절대적인 전체로 간주한다. 극언어에서 이러한 통일성을 느끼게 하려면 단 한 사람의 화자가 필요하다. 바로 무대 감독이다. 무대 감독은 진정한 '무대인(scénocrate)'이다. 그는 무대에 다른 기술들(극본·장치·음악·조명 등)을 첨가시키기보다는, 연극의 특성이 시각적인 이상 모든 기호들을 '시각적'으로 만들면서 그 기호들을 옮겨 놓는다. 《햄릿》을 무대에 올린다는 것은 작품을 선·부피·색으로 바꾸어 놓는 것을 의미한다. 햄릿은 검은 옷을 입고, 궁궐은 금색으로 칠해

지며, 추상적이고 기하학적인 무대 공간은 부피로 이루어진다. (원통, 잘려진 기둥, 굴곡면 등.) 관객의 상상력을 이용하는 엄격한 무대 장식에서 가장 거북한 존재가 바로 배우이다. 우선 배우는 필수적인 것이 아니라 우연적인 것만을 만들어 내고 감정에 의존한다. 아울러 어떠한 서양 배우도 육체를 정신에 따르는 순수한 도구로 만들 수 없다. 또 한편으로 배우의 존재는 관객의 마음속에 사실주의적인 혼란을 야기시킨다. 그러므로 배우는 단순히 무대 장식의 움직이는 요소, 일종의 초(超)인형, 어떠한 표현성도 없는 로봇이 되어야 한다. 그것이 불가능하다면 기본적인 상징이나 우상인 나무나 돌로 된 형상을 사용해야 한다. 단 하나뿐인 무대에 관한 옹호와 현양(顯揚)에서 크레이그는 보다 멀리 나아갔다. 그는 연극이 극본을 말로 옮기고 의미를 이해시키며, 등장 인물을 구현해야 한다는 사실을 거부한다. 대신 이탈리아식 무대를 제거하고 병풍(스크린) 사용에 근거한 건축 무대를 제안했다. 그는 노골적으로 미메시스에 등을 돌렸고, 실천적이기보다는 이론적인 그의 영향은 20세기 후반 연극에서 결정적이었다.

아피아는 무대와 객석 사이의 구분을 없애고 배우의 육체를 3차원적(수평·수직·사면(斜面)) 배경에 펼쳐 놓으며, 계단과 플랫폼을 이용해 기능적인 무대를 되돌려 주려 했다. 그리고 그의 연구는 크레이그와 같은 방향으로 나아가서 이탈리아식 무대의 낡은 제약들로부터 연기를 해방시킨다. 이렇게 가능해진 공간의 자유에 있어서 20세기 무대장치가들은 아피아와 구성주의의 은혜를 입고 있다. 연기에 대한 색다른 개념,

배우의 육체에 대한 다른 이용 방법, 그리고 연극 공연의 다른 정의가 아피아와 구성주의로부터 유래했다.

8
피란델로의 현기증

1. 침식의 시도

　피란델로는 현실에 대해, 그리고 세상과 인간의 존재에 대해 체계적인 의구심을 가졌다. 그는 또한 환각과 가면놀이 가운데 유일한 진실이 구축된다는 도발적인 주장을 끝까지 밀고 나갔다. 이렇게 하면서 그는 손바닥 뒤집듯 상연의 문제를 뒤집었다. 《작가를 찾는 여섯 명의 등장 인물》(1921) 서문에서 그는 20세기 무대를 괴롭히는 고통을 상기시킨다. 이를테면 단어가 공허한 추상에 지나지 않는데도 사람들은 언어를 믿고 서로 이해할 수 있다고 착각한다. 수많은 인성을 가진 개인은 하나의 성격을 만들려는 의도를 좌절시키고 등장 인물에 대해 동시에 모순된 접근을 강요한다. 그리고 역동적이고 변화하는 삶과 그 삶을 회복할 수 없을 정도로 고착화하는 형태 사이의 분열 또한 강조한다. 잘 들여다보면 의미 구축에 있어서 언어의 무능력을 지칭하고, 무대 위에서 하나의 등장 인물에 내재한 다른 충동들 혹은 말과 행동 사이의 모순들을 보여 준다. 이는 아르토·브레히트, 그리고 부조리 연극을 예고하는 것이다.

2. 혼란스러운 연극

알프레드 자리와 마찬가지로 피란델로도 패러디로부터 시작한다. 보드빌을 패러디할 때는 예기치 않은 줄거리를 삽입하거나 규범에 의거한 구조들을 어지럽힌다. 《명예의 쾌락》에서 경박하고 부패한 상류층 가정에 바르고 논리적인 남자가 갑자기 나타남으로써 진정한 공포가 유발된다. 《역할놀이》에서는 자기 아내를 모욕했다며 한 남자에게 결투를 청한 남편이 역할 분담의 필요성을 운운하면서 자기 대신 아내의 정부를 결투에 내보내 죽게 한다. 이 거슬리는 작품들에서 인성이 다른 사람들의 생각을 창조한다고 암시하는 듯한 객관적인 상대주의가 드러난다. 1921년부터 《작가를 찾는 여섯 명의 등장인물》, 《저것처럼》(1924), 《오늘 저녁 즉흥극을 만들다》(1930) 등 3부작의 '극 중 극'은 연극과 현실 사이의 관계를 탐색한다. 《오늘 저녁 즉흥극을 만들다》에서는 파업중인 배우들이 연출가를 내쫓고 우여곡절 끝에 제3막을 즉흥적으로 만든다. 그런데 이 3막은 너무나 강렬하게 체험되어 여주인공의 죽음을 연기하던 여배우가 기절해 버리고 만다. 그러나 그것은 단지 죽음의 패러디일 따름이다. 배우들의 작업은 단지 외양만을 건드렸다. 연출가가 조명을 맞추기 위해 자리를 비웠다는 사실이 알려질 때 조롱은 절정에 달한다. 무대 위에서 삶을 가지고 장난치는 것은 연극에 언제나 존재한다. 피란델로의 모든 연극은 이것을 말하고 있다. 《엔리코 4세》(1922)에서 한 남자는 심한 충격의 후유증으로 독일의 하인리히 4세와 자신을 동일시하고, 자기 시대와 삶의 공포를 피하기 위해 이성을 되찾은 후에도 영원히 이 허구 속으로 갇히리라 결심한다.

3. 조각난 등장 인물

무대 지시문이 많고 배경·의상·등장 인물의 성격에 관해 모든 것을 말하기 때문에 이 극작법에서 우선 자연주의를 생각할 수 있다. 그러나 관객들로부터 자신들이 재현하려는 개인들로 겨우 인정받은 등장 인물들은 어쩔 수 없이 세분되고 비현실화된다. 여러 가지 차용된 성격과 타인에 의한 시선들 때문에 피란델로의 작품에서 아무도 누가 누구인지를 말할 수 없다. 사회적 역할놀이에서 가져온 공허한 실루엣은 연극의 등장 인물이라는 조건에서만 다른 것에 접근할 기회를 가진다. 그래서 등장 인물들은 여러 가지 법칙들과 다른 지속을 지닌 필요한 세계로 들어간다. 그리고 나서 이름을 부여받고 마침내 안정된 진실의 형태에 접근한다. 그렇지만 하인리히 4세로 자신을 고착시키려 한 등장 인물이 이 역할에서 인정받으려면 다른 사람들이 필요하다. 예를 들어 다른 사람들이 허구와 현실, 혹은 현실을 허구와 혼동하는 체하기만 하면 모든 것은 무너져 내리고 만다. 피란델로에게 있어서 연극은 탄탄한 구조, 자치적인 세계로 그 안에서 사람들은 해체의 힘을 피하기 위해 달아날 꿈을 꾼다. 형태와 부정형의 대립은 예술의 전통적인 임무 중의 하나이다. 그러나 여기서 독창성은 작품의 주제가 미메시스의 위기와 그 위기 모면의 불가능성이라는 사실로부터 유래한다. 이러한 '극 중 극'은 연극 연기의 기능과 효과에 대한 비평적 재현이 아니라, 불가능한 조건들의 진정한 상연이다.

9
다른 관객을 향하여

1. 민중극

  비록 가공할 만큼 비평적이긴 하지만, 피란델로에 의한 무대의 재검토는 한편으로는 너무 지적이고, 다른 한편으로는 충분히 급진적이지 못한 것 같다. 외양이 주는 현기증에 매혹당한 이 연극은 정확히 어떠한 계층을 겨냥하고 있는가? 흔히 그러하듯 피란델로가 실행한 이동에 대한 혁신적인 중요성은 그의 사후 2,30년이 지나서야 이해되었다. 또한 30년대부터 연극에 새로운 관객을 끌어들이고 정치적인 문제들을 제기하게 한 모든 광대한 움직임에 비추어서 다시 읽혀진다. 특정한 연극에 대한 거부로 시작된 부르주아 문화에 대한 거부는 제1,2차 세계대전 사이에 더욱 심화되었다. 아방가르드 그룹들(다다, 초현실주의자, 독일 표현주의자, 러시아 구성주의 화가 등)은 이미 지성인들과 부르주아 사이의 골을 더 깊게 파놓았다. 제1차 세계대전말경 문화계는 완전히 분리되었다. 한편에는 순응주의적이고 편안한 예술품의 소비자인 부자들이 있다. 그리고 다른 한편에는 새로운 예술가들, 좌파 인텔리겐치아(공산주의자, 트로츠키주의자), 적어도 이상적인 측면에서 새로운 예술의 소비자인 대중들을 들 수 있다. 동구권이 공산화되고, 그에 따른 참여의 필요성(분명한 것으로 인지된)에 의해 연극은 어쩔 수 없이 혁명으로 나아간다.

진정한 대중 문화의 가능성 있는 매체로 등장한 영화와의 경쟁 또한 새로운 연극미학의 선택에 적잖은 영향을 미친다.

2. 메이에르홀트의 '연극의 1O월'

소련에서 음울한 사회주의적 사실주의가 득세하기 전에 혁명적인 창작가들(열광적으로 10월 혁명을 지지했던 이들)은 극예술을 현대적인 길에 진입시킨다. 그들은 지금껏 존재했던 모든 것을 일소하려 하였다. 따라서 구상화와 재현 예술을 배격하고, 희극 영화부터 도시 풍경에 이르기까지, 뮤직홀의 기계부터 서커스와 장터의 간이 무대에 이르기까지 모든 현대적인 것을 차용한다. 에이젠슈테인이나 마이아코프스키의 무대 공간은 단편적이고 기하학적이다. 이는 메이에르홀트 작품에서 두드러지는 특성이기도 하다. 메이에르홀트는 사실주의에 반하여 연극성의 개념을 바로 세우고, 연극을 거울로서가 아니라 '의식적인 규범'의 장소로 정의하고 있다. 이러한 연극에 관한 중요한 원칙들 가운데 다음 몇 가지를 기억하게 될 것이다. 이를테면 연출가의 역할에 대한 제한을 들 수 있다. 이를 통해 이제 연출가는 작가와 배우 사이에서 교량 역할을 한다는 취지하에 배우를 이끄는 것으로 만족해야 한다. 따라서 배우의 예술과 관객의 창조적 환상이 만남으로써 충격이 분출된다. 관객의 역할은 오히려 확대된 편으로, 메이에르홀트는 관객을 일컬어 '제4의 창조자'라고 했다. 새로운 상연 기법은 관객으로 하여금 무대가 암시하는 것에 자신의 상상력을 더하여 완전한 의미를 파악하게 한다. 관객은 한순간도 자신이 극장에 있다는 사실을 잊을 수 없다. 하지만 연극 공연을 통해 승화된 삶에 대한 감정을 이끌어 낸다. 이 연극은 다시 한 번 환각에 대항하여 싸운다. 이번에는 메이에르홀트 미학의 열쇠라고 할 수 있는 양식화의 이름으로 싸워 나간다. 양식화에 있어서 극작가는 자신이 만든 세상이 연극의 범주 밖에서는 받아들여질 수 없다는 사실을 강조한다. 그는 특히 '연극이 하나의 형태다'라는 귀중한 규칙을 드러낸다. 10월 혁명에 열광적으로 가담한 메이에르홀트는 '연극의 10월'이라는 표현을 만들어 내고, 프롤레타리아 연극에 관한 성찰에 힘을 쏟는다. 그로부터 대중적인 장소, 가능한 헐벗은 공간에서 상연하려는 그의 꿈이 유래하고, 이는 구성주의자적인 신념을 설명해 주는 부분이다. 이를테면 가공하지 않은 물질들로 만든 작업대가 무대 중앙에 놓여 있을 뿐, 아무 장식도 없는 헐벗은 무대를 지향한다. 배우들이 '생물역학'의 법칙에 따라 작업하는 바퀴·계단·구름다리 등이 등장한다. 기계적인 움직임이 심리학을 대신하고, 작업복이 의상을 대신한다. 모든 구상적 경향을 버리고 노동자의 이상이라 생각하는 것과 조화를 이루어 실용적인 '반미학'을 창조하는 것이다. 메이에르홀트가 새로이 개척한 무대미학은 거대한 것이었다.

브레히트도, 혁명적 연출가인 피스카토어도 그것을 모르지 않을 것이다.

3. 피스카토어와 정치극

전후의 충격에 휩싸인 독일에서 스파르타쿠스 단원 피스카토어는 군연극단 리더로 전쟁을 겪었고, 전례 없는 전쟁의 공포를 안은 채 전장에서 귀환했다. "그때까지 나는 문학이라는 거울을 통해서만 삶을 바라보았다. 하지만 전쟁은 모든 것을 뒤엎었고, 이제 삶이라는 강렬한 거울을 통해 문학과 예술을 전체적으로 바라보게 되었다." 이제 피스카토어에게 예술은 계급 투쟁의 여러 수단들 가운데 하나이고, 정치적 목적을 위한 하나의 수단일 따름이다. 연극을 혁명적인 프로파간다의 도구로 만들기에 자연주의 미학은 부적합하다. 피스카토어는 표현주의나 다다 선언 쪽에서 자신의 나아갈 길을 찾는다. 그는 《프롤레타리아 연극》을 위해 모든 예술적 의도를 혁명의 목표에 종속시키는 아주 단순한 프로그램을 만든다. 그는 자신의 극미학이 역사 유물론에 근거하고 있다고 단도직입적으로 말한다. 무대의 사건과 역사를 뒤흔드는 큰 힘들을 연결시켜야 하고, 작품을 비판과 투쟁의 활동으로 만들어야 한다. 또한 최근의 역사에서 교훈을 끌어내야 하고, 오늘날 개인이 아닌 대중의 운명이 극예술의 영웅적 요소를 이룬다는 사실을 인정해야 한다. 그렇다고 해서 무대 위에서 '예전과 같은' 감정들을 보여 주는 것이 금지되지는 않는다. 다만 이러한 감정들은 분명 예전과는 다른 각도에서 보여질 것이다. 왜냐하면 어느 누구도 더 이상 자신의 운명을 세상과 분리시켜 생각할 수는 없기 때문이다. 또한 브레히트를 인용하자면 "모든 노동자는 먹고 살기 위해 세계 정치를 하도록 강요되기" 때문이다. 그러므로 무대 위에 선 사람은 사회적 기능을 재현하고, 사회와의 관계 아래서 보여져야 한다. 사회적 불협화음을 더욱더 증대시켜 그것을 고발 요인으로 삼으면서 혁명 연극은 혁명을 준비한다. 마침내 피스카토어는 연극 기능의 변형이 무대 기구의 기술적 변화와 분리될 수 없음을 명확히 한다. 첫 번째 임무는 관객에게 겨우 한 번 쓱 보는 것만을 허락하여 관객을 이방인으로 만들어 버리는 낡은 무대 배경을 제거하는 것이다. 브레히트보다 먼저 피스카토어는 사건에 삽화를 곁들이고 자료들을 보여 주며, 배우들의 대화를 중단시키기 위해 무대 위에 영화 기법을 끌어들인다. 전반적인 이론의 테두리 안에서 다시 취해진 이 모든 요소들은 브레히트의 서사극 개념을 배양했다. 결국 피스카토어가 브레히트의 서사극 이론의 초안을 마련한 셈이었다.

혁명적인 어떤 연출가의 인생 여정

피스카토어, 1893-1966
1920: 베를린에서 '프롤레타리아 극단' 장
1924: '중앙 극단' 장
1924-1927: '볼크스 극단'에서 연출가
1927-1929: '피스카토어 극단' 단장

그가 상연한 작품들은 의미심장한 제목을 가지고 있다. 이를테면 F. 융의 《거지 같은 부르주아 같으니, 정의를 얻으려면 얼마나 더 걸려야 하는 거야?》, 로맹 롤랑의 《때가 올 것이다》, 하섹 원작 《용감한 군인 슈바이크의 모험담》 등이 있다. 필름 라이브러리의 고전이 된 영화 《어부들의 반란》을 모스크바에서 촬영한 후에, 1936년부터 1938년까지 파리에 정착해 대학에서 연극 기술을 가르친다.

1939년에 뉴욕을 향해 떠난다. 뉴욕에서 그는 '연극 워크숍'이라는 극예술학파를 이끈다. 그는 곧 그의 학파에 두 개의 극장을 추가하게 된다. 첫번째는 '루프톱 극장(Rooftop Theatre)'으로 가난한 사람들을 위해 무료로 연극을 상연한다. 두번째는 '프레지던트 극장(President Theatre)'으로 예산의 균형을 맞추기 위해 가입비를 매우 비싸게 받은 극장이다. 테네시 윌리엄스, 말론 브랜도, 엘렌 스트리치 등이 그의 제자들이다. 뉴욕에서 버나드 쇼의 《성녀 조앤》, 셰익스피어의 《리어 왕》, 사르트르의 《파리떼》 등 여러 작품들을 상연한다. 1954년 튀빙겐에서 아서 밀러의 《세일럼의 마녀들》을 상연하고, 다음해 베를린에서 윌리엄 포크너의 《어느 수녀를 위한 진혼 미사》를 상연한다.

10
브레히트의 서사극

1. 브레히트 극작법

몇 가지 고정관념

 브레히트라는 이름은 대체로 공격적이고 의미를 국한시키는 몇 가지 고정관념을 수반한다. 흔히 브레히트의 연극은 정치적이므로 '참여' 연극, 교육적이므로 '교훈' 연극, 따라서 분명 지루한 연극으로 알고 있는 것 같다. 연출에 있어서는 슬픈 무대 배경과 필름 투사가 뒤섞이고, 고정 게시판을 사용해 상연의 흐름이 끊기거나, 배우의 산만한 연기로 주변이 혼란에 빠지는 방법 등이 '브레히트적'으로 간주된다. 사실 브레히트의 작품에서 배우들은 유명한 '소외 효과'를 유발시킬 임무를 지닌다. 그리고 '소외 효과'는 브레히트 연극의 시학을 축약하고 있다. 역사적 공포나 절박함이 예전보다 멀어 보이고, 덜 위협적이므로 작품의 주제는 유쾌하지 않은 이야기가 되어 버린다. 사실 이제 아무도 이런 이야기를 듣고 싶어하지 않는다. 한편 이 이야기는 냉전 기간 동안의 공산주의 축제 분위기를 막연하게나마 떠올리게 한다.

브레히트 연극의 관심은 좀더 복잡하다. 연극인으로서 활동하는 내내 브레히트는 완전한 연극시학을 가다듬었다. 그의 극시학은 배우의 형성과 무대 장식, 연극적 사실주의의 정의와 관객의 교육학 등을 다룬다. 또 사회와 역사 속에서 예술의 위상과 기능에 관해 전반적으로 성찰한다.

표현주의의 출발점

두 차례의 세계대전이라는 역사의 소용돌이 속에서 브레히트(1898-1956)의 존재는 정확하게 신·구 질서의 경계를 이룬다. 그는 바이바르 공화국의 무질서를 체험했고, 파시즘이 창궐하는 것을 확인했다. 그러면서 전쟁이 완전히 추방되는 새로운 사회를 꿈꾸었다. 독일인이면서 마르크스주의자인 그는 방랑 생활을 할 수밖에 없었다. 동독 정권이 들어서기(1948) 전에 미국 망명길에 올라 그곳에서 죽을 때까지 '베를리너 앙상블'을 이끌었다. 다다이스트나 초현실주의자, 러시아 구성주의자나 독일 스파르타쿠스주의자들과 마찬가지로 브레히트 또한 역사에 많은 관심을 기울였다. 위에 언급된 학파의 구성원들처럼, 그는 "서구 개인주의와 낡은 휴머니즘은 1916년의 격전지〔원어 la bataille de la Somme : 제1차 세계대전 중인 1916년 영·프 연합군의 선공으로 시작된 치열했던 전투. 끈질긴 독일군의 저항으로 승자인 연합군이나 패자인 독일군 모두에게 엄청난 인명 피해를 가져왔던 전투. 연합군에 의해 '실패한 전투'로 기록됨〕에서 죽었다"고 말했다. 또한 그는 초현실주의자 등과 마찬가지로 예술이 인류 문명의 총체적인 위기를 이해하고 극복하는 선봉에 서야 한다고 생각했다. 여기서 언급된 모든 무대 혁신의 노력과, 부르주아 예술에 대한 총체적인 회의에서 문제가 되는 것은 연극의 개혁을 제안하는 데 있는 것이 아니다. 문제는 오히려 인간과 세계에 대한 다른 개념을 공포하는 데 있다. 브레히트는 표현주의로부터 유래했다. 그의 초기 작품들 《밤의 북소리》(1922), 《바알 신》(1923) 등은 무시무시하고 환각적인 사실주의의 토대 위에서 신인류의 이교, 미천한 욕망, 본능적인 야만성 등을 비난한다.

표현주의 주제의 두 가지 예

《바알 신》은 두꺼운 피부 때문에 코끼리라는 별명을 가진 한 남자가 경험하는 도시의 살롱부터 그가 죽음을 맞이할 태고적 정글까지의 여정을 그린 작품이다. 그는 물질을 숭배했고, 일종의 생물학적이고 동물적인 생활을 재현한다. 그의 이런 생활은 궁극적으로는 해체로 귀착된다. 허무주의적이고 무정부주의적이며 심미적인 이 작품은, 아직은 너무나 개인적인 반항의 형태를 보여 준다.

《밤의 북소리》는 현대사에서 그 내용을 끌어 왔다. 실종된 포병 크라글러는 임신한 약혼녀를 찾으러 돌아온다. 그는 혁명의 북소리가 들린다고 생각하지만, 결국은 '돼지들 가운데 돼지'처럼 침대에 안락하게 누워 있다.

이들 작품은 인간을 본능적 특성으로 퇴행시키고, 규범 없는 동물로 만드는 폭력성·잔혹성·이기주의 등에 대해 질문을 던진다. 그러나 이들 특성들은 때때로 세련된 도시 생활 가운데 자리잡고, 본성과 거짓 교양 사이의 대조를 노골적으로 비난한다. 《사람을 위한 사람》(1926)에서 브레히트는 패러디로 옮겨간다. 평화롭게 사는 위탁 판매업자 갤리 게이는 어느 날 우연히 인도 군인으로 구현된 자신의 운명을 만나게 된다. 24시간 만에 조용하던 이 남자는 무자비한 살육으로 피비린내를 풍기는 식민지 군사로 변해 있다. 이같은 변화는 과부인 베그비크가 운영하는 바에서 이루어진다. 여기서 베그비크는 교환이 지배하는 상업 사회를 상징한다. 갤리 게이는 수익성이 있다고 생각한 일 때문에 함정에 빠지고 매매에서 손해를 입는다. 이 작품은 비극 장르를 패러디하고 있음에 틀림없다. 이를테면 브레히트는 고대인들의 '숙명'을 사회로 대체하는데, 여기서의 사회는 현대 세계에서 개인 운명의 명료한 형태로 사용된다. 이 작품은 서사극으로 가는 첫번째 시도이다. 이 작품은 비극적 세계를 사회적 현실과 등장 인물의 계급적 상황에 대비시킨다. 뿐만 아니라 제대로 볼 줄 아는 사람에게 초월성은 숨겨져 있는 것이 아니라고 암시하면서 돈을 죄인으로 지목하고 있다. 《서푼짜리 오페라》(1928)는 분열된 사회가 오페라에서 맛보는 쾌락을 드러내면서 관객으로 하여금 약간 변형된 자신의 이미지를 보게 한다. 당시 오페라는 분열된 사회 구성원들이 실제 세계에서 찾을 수 없는 조화를 마침내 만나게 되는 장소로 여겨진다. 《서푼짜리 오페라》는 부랑자들의 오페라로, 훌륭한 아리아를 애호하는 도적 맥 히스가 나온다. 맥 히스는 돈 많은 부르주아로 행세하는데, 이는 부르주아가 도적처럼 처신하고 있음을 암시한다. 미메시스는 환각에서 떨어져 나간 힘을 고발하는 데 사용된다. 사실주의에 대한 비평에서 브레히트는 이를 좀더 직접적으로 사용한다.

또 다른 사실주의를 위하여

브레히트도 사실주의에 대한 비판으로부터 시작한다. 19세기에서 물려받아 20세기가 아직 벗어나지 못하고 있는 거북한 사실주의가 도처에 깔려 있는 것을 보고, 사실주의의 개념을 검토하고, 사실주의의 이름으로 사실주의를 거부한다. 발자크의 서술 기법으로는 자본주의 사회의 인간이 연루된 상황을 묘사할 수 없다. 새로운 재현 기법은 다른 인지 수단과 새로운 인식 목적에 부합해야 한다. 사실주의는 원래부터 존재한 것은 아니고 그 연대가 있다. 지난 세기에 실제로 일어난 세부적인 사건들의 축적, 현장 조사, 개인으로부터 전체로의 이행 등이 사실주의의 도구가 되었을 가능성이 높다. 오늘날 이런 도구들은 모두 다 사라졌다. 따라서 사실주의는 신화·환상·추상이 되어 버릴 수 있다. 이제 사실주의의 역할은 현실을 재현하는 것이 아니라 현실의 모순을 폭로하는 것이다. 여기서 브레히트가 제안한 유명한 정의를 인용할 필요가 있다. "'사실주의적이란 사회 관계의 복잡한 인과 관계를 드러내는 것, 지배 계급의 관념을 지배 관념으로 제시하는 것, 지배 계급의 관점에서 글을 쓰는 것, 너무도 광범위한 해결 방안으로 사회가 처한 가장 절박한 난관을 이겨낼 수 있다고 생각하는 것, 매사에 진보의 순간을 강조하는 것, 추상적인 일을 쉽게 만들 만큼 구체적인 것 등을 의미한다. 따라서 '사실주의적이다'는 비평적·참여적·해석적이라는 뜻이다. 진실은 우리가 보기만 하고, 직접적으로 설명할 수 없는 것 가운데 있지 않다. 브레히트는 이미지·언어·연극 공연 등이 정신에 의해 구축되고, 예술은 매개체라는 사실을 환기한다. 사실주의의 선택은 세상을 보는 지점에 대한 선택이고, 보이는 대로 보여 주기 위해 어떤 방식을 적용할 것인지에 대한 선택이다. 브레히트에게 있어 그 지점은 정치적인 것이고, 그 방식은 변형적이고 가능하면 혁명적이다. 어쨌든 이 방식들은 유용하면서 교훈적이고자 한다. 극시학의 결과는 즉각적이다. 이를테면 상연은 관객 안에서 비평적 능력을 일깨우려는 목적을 갖는다. 브레히트는 거울 같은 연극과는 거리가 멀다.

2. 드라마틱에 반대한 서사극

급진적인 환각

사실주의와 환각주의 사이의 상이점을 재확립시키면서 연극성을 재차 강조해야 하는 이유는 환각에 대한 인식이 관객의 첫번째 비평 행위이기도 하기 때문이다. "지나치게 환각적인 배경을 추구하고, '진짜' 사건에 대해 환각을 유발할 목적으로 '최면술 같은' 연기를 사용한다면, 상연은 관객이 더 이상 자신의 판단, 상상력, 감정 반응을 제어하지 못하는 상태에 이른다. 관객은 연기 가운데 들어가고 참여하며, '자연'에서 볼 수 있는 어떤 대상이 되어 버린다."(《억척어멈과 그 아이들》(1941)의 모델에 대한 서문) 급진적인 환각의 첫번째 이점은 관객이 현혹되어 사로잡힌 소비자가 되는 것을 금지하는 것이다. 두번째 이점은 환각을 통해 현실이 변화되었다는 사실을 확인하는 것이다. 여기서 현실은 극작가와 연출가의 작업 근거가 된다. 그런데 만일 현실이 변화되었다면 변화될 수 있기 때문이고, 사람들이 사회 생활을 지배할 수 있기 때문이다.

동화의 파기

부르주아 이데올로기의 가장 종속적인 한 가지 계략을 공격하기 위해, 브레히트는 관객에게 극장에 있다는 사실을 깨닫게 하는 것만으로 만족하지 않는다. 여기서 말하는 계략이란 관객이 감동받고, 고통받고, 최소한의 간격도 없이 무대 위에서 보여 주는 것에 집착하며, 작품 속에 자신의 몸과 마음을 투영하는 데서 생긴 동화를 일컫는다. 왜냐하면 관객은 나무랄 데 없는 이야기 전개, 사건의 이어짐과 그것들의 재현 등에도 매혹되기 때문이다.

서사적 서술로의 회귀

브레히트는 피스카토어에 의해 이미 시도된 방법에 따라 서사시 방식을 되살리면서 사건을 서술로 대체하려 한다. 서사적 사건 전개가 관습적인 극체계를 대신한다. 이렇게 획득된 형태는 소설과 연극의 중간에 위치하고, 이미지로 된 드라마틱한 이야기인 영화가 새롭고 현대적인 소설 형태(조이스와 특히 도스 패서스의 형태)만큼 중요한 모델이었을 가능성이 높다. 관객들을 수동성에서 끌어내는 문제에 있어서 서사극이 드라마틱한 연극보다 '더 낫다'는 사실을 어떻게 증명하느냐는 점이 남아 있다. 예를 들어 누군가 사건을 진술하는 증인처럼 이야기한다면, 사람들은 감정을 느낄 수는 있지만 이러한 표현 기법을 선택하는 것만으로도 어조는 바뀐다. 공감보다는 성찰 능력이 더 요구되고, 문제 제기 능력은 행동보다는 이야기에서 더 중요하다. 이야기의 구조도 변화될 수 있다. 관객이 강물에 빠지듯 이야기에 빠져들어 휩쓸려 가지 않도록 사건들 사이의 연결고리를 가시화한다. 그리고 작품 속에 작은 작품을 삽입시키는 것과 같이 적합한 구조를 부여하면서, 이야기의 다른 요소들을 대비시킬 것이다. 관객의 상관 관계라는 애매한 특성에 관심을 갖게 하려면 일정한 간격을 두면 될 것이다. 그렇게 되면 관객은 자연스러워 보였던 상관 관계에 관해 의구심을 갖게 될 것이다. 여기에서 브레히트적인 장치의 중심에 다다른다. 상관 관계(사회적·경제적·정치적 상관 관계)에 대해 의문을 제기하는 사람은 누구나 자유롭다. 이러한 거리두기 효과는 서사적 장치 전체에 영향을 미친다. 그것이 중요한 개념이므로 브레히트 자신에게 그 정의에 관해 질문했다. "이는 괴상하고, 설명이 필요하고, 자명하지 않으며, 아주 간단히 말해 자연스럽지 않은 외양을 사건들에 제공하는 재현 기법에 관한 문제이다."(《연극을 위한 작은 지침서》(아리스토텔레스의 논리학

작품들을 모아 놓은 선집의 이름], 1948) 서사극에 당혹하고, 혼란을 느낀 관객은 지속적으로 어떤 간격을 느낀다. 관객은 더 이상 매혹되거나 이끌리지 않고, 무대 위에서 분출되어 병치된 단편들을 자기 나름대로 해석해야 한다.

《오페라 마하고니에 관한 주의》(1930)에서 브레히트 자신이 제안한 아래의 도표는 서사극에 의한 변형을 정확히 기술하고 있다. 드라마틱한 연극이 자연을 강조하는 데 비해, 서사극은

드라마틱한 극	서사극
극행위	서술
암시	추론
관객: 사건에 연루됨	관객: 관찰자
지적 활동이 소진됨	지적 활동이 일깨워짐
감정의 원인을 제공받음	스스로 결정
내부에 있다	앞에 위치한다
참여한다	연구한다
어떤 일 가운데 있다	어떤 일 앞에 있다
체험된 경험	세상에 대한 시각
감정이 있는 대로 보존됨	감정이 의식을 가지도록 내몰림
사람은 알려져 있다고 추측	사람은 조사 대상
사람은 불변이다	사람은 변화되고 변화한다
결말에 관심 집중	전개에 관심 집중
다음 장면을 위한 한 장면	그 자체로서의 각 장면
유기적 상승	올리기
선적인 전개	구불구불한 전개
지속적인 진전	도약
고정된 자료로서의 사람	과정으로서의 인간
사고가 존재를 결정	사회적 존재가 사고를 결정
감정	이성

역사 속으로 들어간다. 서사극은 과정의 전개를 통해 고정된 본질에 응수한다. 서사극은 주제의 추리력을 신뢰한다. 그리고 이러한 주제의 추리력을 통해 마지막 순간에 전복시킬 목적으로 미메시스를 이용한다. 왜냐하면 상연의 마지막 목표는 파괴되어 새로운 사회 질서로 나아가는 것이기 때문이다.

3. 새로운 연극

다른 등장 인물

중상모략가들의 주장과는 달리 브레히트는 등장 인물을 파괴하지 않았다. 다만 등장 인물에 대한 그의 생각이 아리스토텔레스적인 전통과 아주 많이 다를 따름이다. 억척어멈, 갈릴레이, 푼틸라와 하인 마티, 《저지할 수 있었던 아르투로 우이의 득세》에 등장하는 음울한 갱스터 아르투로 등은 베레니스·쉬멘 혹은 줄리엣만큼 우리 기억 속에 남을 수 있다. 단지 그들은 이 사회가 그들 마음 가운데 있는 것처럼 사회 가운데 있다. 그들의 감성·지성·의지에는 모순적인 유혹이 넘나든다. 30년 전쟁 동안 수레를 끌고 전선을 넘나들던 종군 상인 억척어멈은 혼란을 이용해서 부자가 되려는 유혹을 느끼고, 아이들을 부양하기 위해 지옥을 넘나든다. 그렇지만 그녀는 구하려고 했던 모든 것을 잃는다. 개인의 이익과 사회적 현실은 계급 투쟁의 바탕 위에서 서로 끊임없이 상쇄되고 반박되고 병치된다. 비장하면서도 역겨운 억척어멈은 브레히트가 작품에서 끌어낸 다음과 같은 교훈을 이해하지 못했다. "전쟁에서 이익을 얻는 이들은 서민들이 아니다. 그리고 전쟁은 상업을 지속하는 또 다른 방법으로 모든 미덕을 죽음의 힘으로 만든다. 그런데 죽음의 힘은 그 힘을 가진 사람에 대해서도 방향을 바꿔 버린다."(《억척어멈과 그 아이들》의 모델에 대한 서문) 마찬가지로 봉건적 계급 사회를 전복시킬 자신의 과학적 탐구를 계속하기 위해 갈릴레이는 결국 종교 재판 앞에서 굴복하고, 고대 질서의 득세를 인정한다. 그러므로 서사적 질서에 의해 포착된 등장 인물은 애매하다. 극작가는 등장 인물의 주변에서 여러 가지 관점들을 되풀이한다. 이에 관해 양립할 수 없는 태도를 취하거나, 단순히 그런 태도들을 대조해 보는 것은 관객의 몫으로 남겨둔다. 특히 등장 인물은 쉴새없이 움직이고 변증법적으로 적응됨에 틀림없는 관객의 시선에 의해서 구성과 해체를 반복한다. 브레히트는 연극 등장 인물의 제조라는 민감한 부분에서 특히 혁신적이다. 그는 감히 등장 인물에 관한 다른 이미지를 제안한다. 다른 이미지 가운데 어떤 것은 미끄러져 사라지고 다른 것은 중첩된다. 그리고 이 이미지들은 등장 인물이 타인과의 관계에서만 의미를 가지는 이상 결코 고정되지 않는다. 이러한 구성은 극적이기보다는 소설적이다. 게다가 이런 구성은 배우에게 가공할 만한 문제들을 제기한다. 브레히트가 관객의 교육에다 배우의 기술에 관한 진정한 조약을 덧붙인 것은 그래서이다.

배우에 대한 소고(小考)

 배우에 대한 첫번째 규범은 가능한 역할의 외부에 머무르고, 이중 인격을 가지는 것이다. 그렇게 함으로써 관객은 배우가 연기하고 있다는 사실을 완벽히 이해하게 된다. 브레히트는 제스투스(gestus; 브레히트가 '사회적이고 상대적인 양상 가운데 배우의 제스처'를 지칭하기 위해 사용한 용어이다)라는 한 가지 중요한 개념을 끌어들인다. 이는 등장 인물들 사이에서 취하는 태도와 사회적 제스투스에 의해 결정되는 태도에 관한 것이다. 제스투스는 해독하기 쉬운 의미를 지닌 제스처로, 관객에게 어떤 태도나 사건의 기반을 가리켜 줄 수 있다. 배우의 임무 가운데 하나는 이야기 전체를 통제하기 위해 이야기 속에서 자신이 연기하는 등장 인물의 다른 제스투스들을 설명하는 것이다. 브레히트에 따르면 '근본적인 제스투스' 없이 고립된 사건은 없다. '글로스터 공작 리처드가 자신이 죽인 사람의 아내에게 애정을 고백한다'거나, '보이제크가 아내를 죽이기 위해 값싼 칼을 사는' 것 등이 이런 예이다. 연극의 아름다움은 기능적인 우아함이고, 그 우아함과 더불어 다른 제스투스는 관객에게 소개되고 관객의 판단에 맡겨진다.

 교육적인 연극을 위하여

 만일 브레히트의 연극이 어떤 것을 가르치고 있다면, 열린 극작법을 통해 변화를 불러일으키기 위해 모순을 격화시켜야 한다. 열린 극작법은 연극에 도입된 첨단 기술(자동차를 사용한 무대부터 필름의 투사에 이르기까지)을 사용하기에 적합하다. 그렇지만 그는 진정 교육적인 연극을 위한 제안도 했다. 이러한 연극에서 배우와 관객 사이의 고랑이 절정에 이를 것이고, 관객들은 작품의 공동 연출가가 될 것이다. 브레히트는 관객에게 합창단 자리를 주면서 작품에 참여시키려는 생각을 하기도 했다. 또한 문외한들에게 진정한 연극 연습을 제안하면서 그들의 교육 과정을 상상하기도 했다.

현대 연극에 미친 브레히트의 영향은 거대하다. 그 영향은 연기 방법만큼 이야기 구성 방법에도 미친다. 또한 등장 인물에 대한 독창적이고 복잡한 개념이나 무대의 관심을 이야기의 긴장감으로 옮겨 놓는 방법 등에도 영향을 준다. 연극에 비평적 기능을 돌려 줌으로써 도시의 정치적 삶에 연극을 돌려 주었다. 이와 더불어 연극은 도시에서 수 세기 전부터 잃어버린 관객, 즉 대중을 되찾았다.

11
아르토와 잔혹극

1. 아르토라는 이름

 최소한 그 중요성 면에서, 현대 연극에 있어 아르토의 영향력은 브레히트에 비길 만하다. 그러나 아르토의 영향력은 명확하게 구분하기가 훨씬 더 미묘하다. 왜냐하면 연극에 대한 그의 시각이 너무나 불확실하기 때문이다. 브레히트와 아르토는 근본적으로 서로 다른 방식에 의해 무대가 상상 속으로 도피하는 방법이나 장소라는 것을 거부하기에 이른다. 이 점에서 그들은 아리스토텔레스가 중요시 여긴 카타르시스의 미덕을 깨버렸다. 아르토에게 있어서 이러한 거부는 합리성과 타락한 서구 휴머니즘에 대한 보다 폭넓고 결정적인 또 다른 거부감으로 둘러싸여 있다. "유럽에서의 예술적 이상은 열광에 '참여하는' 힘과는 동떨어진 태도 속에 정신을 투사시키는 것이다. (…) 진정한 문화는 예술에 대한 우리의 무관심을 마술적이고 지나치게 이기주의적인 생각과 대립시킨다."(《연극과 그 분신》, 1938) 아르토가 다른 곳, 극소수 혹은 아무도 그를 따라갈 수 없는 어떤 장소에 관해 말하고 있다는 사실을 이해해야 한다. 서구 역사 전체를 뒤흔들면서 단순히 연극 이론서 차원을 넘어선 어떤 체계에 관해 고찰하려 한다고 하자. 이때 크레이그·메이에르홀트 혹은 브레히트의 영향을 내세우듯 아르토의 영향을 내세우기란 불가능하다. 분명 모리스 베자르나 조르주 라벨리, 예르지 그로토프스키나 피터 브룩 등이 선택한 연출 방식, 해프닝이나 사이코드라마처럼 연극의 도발적 특성을 강조하면서 관객에 대한 직접적인 극행위를 추구했던 공연 형태 등은 아르토의 제안에 의해 유발되었거나 가능해졌다. 그러나 이들 연극인들은 모든 다른 것을 포기하는 대가를 치르고도 연극에 관한 아르토의 개념 가운데 단 한 가지 정도만을 '실현할' 수 있을 따름이었다. 달리 말하면 아르토의 야망을 실현시키기 위해서 연극이 연극 이상이라거나, 연극은 전체성이고 극언어는 연출가가 사용하는 기호들의 총합이며, 고전적인 연극 무대를 버리고 대신 용도 변경된 헛간이나 창고를 사용해야 한다는 따위의 말로는 충분치 않다. '걸작'이라는 개념 자체를 없애는 것, 제스처를 위해 텍스트를 평가절하하는 것 또한 효과가 없다. 의식의 정도와 혁신에 대한 욕구가 어떠하든지 이들 '계승자' 가운데 연극이나 서구 연극 역사로부터 벗어난 이는 아무도 없다. 물론 자크 데리다(《글쓰기와 차이》, 1967에서 〈상연의 닫힘〉)와 더불어 아르토가 원한 것이 역사와 문화, 반복된 상연 작업으로서의 연극의 종말이었다는 사실을 알게 된다. 그런데 사실 마술적 힘을 발휘하는 것이 아르토의 '이름'임을 인정하지 않을 수 없다. 게다가 이것이 아르토의 비위를 건드리는 것 같지 않다.

2. 실행에서 이론으로

연극과 영화의 경험

아르토는 배우이고자 했다. 그는 뤼녜 포가 이끄는 극단에서 출발했고, 샤를 뒬랭과 함께 '아틀리에 극단'에 참여했다. 1926년(그는 30세였고, 2년 전부터 초현실주의 그룹에 가담해 있었다)에는 로제 아롱·로제 비트락과 함께 '알프레드 자리 극단'을 설립한다. 그와 동시에 몇 편의 영화에도 출연한다. 아벨 강스의 《나폴레옹》(1927), 드라이어의 《잔 다르크의 열정》(1928), 파프스트의 《서푼짜리 오페라》(1931), 랑의 《릴리옴》(1934) 등이 이때의 작품들이다. 이 당시의 영화 대부분은 표현주의적이고, 아르토는 과장되고 정열적인 연기를 펼친다. 그러나 아르토에게 있어 영화는 단지 밥벌이를 위한 경험에 불과하고, 그는 '자신의' 연극을 통해 연극 원칙들을 적용시켜 보고자 한다. 불행히도 빈약한 재정 때문에 '알프레드 자리 극단'은 실패하고 만다. 1927-29년 사이 네 차례 공연을 했을 뿐이고, 모두 합쳐도 아홉 편을 상연하는 데 그쳤다. 그래도 이는 20세기 연극사에서 적잖은 반향을 일으킨 실험으로 남을 것이다. 왜냐하면 이 실험이 당시의 지배적인 관념과 단절하며 '삶의 분신'으로서의 연극을 성찰하려 한 아르토의 초기 에세이들과 같은 연대에 속하기 때문이다. 연출가로서 아르토는 상연에서 육체적 현존과 제스처의 중요성, 그리고 무대에 형이상학적 내용과 사상을 주어야 할 필요성을 강조한다. 소 논문과 강연을 통해 그는 또 다른 연극을 위한 계획을 구상한다. 〈잔혹극에 관한 제1차 선언문〉이 1932년에, 이어서 1934년에는 〈연극과 페스트〉가 발표된다. 몇 개의 다른 소논문들과 더불어 1938년에 취합된 소논문들이 아르토의 작품

아르토와 비트락

'알프레드 자리 극단'이 무대에 올린 네 편의 작품 가운데, 두 편이 로제 비트락 작품이다. 그 가운데 가장 널리 알려진 《빅토르 혹은 힘을 가진 아이들》(1928)과 《사랑의 신비》(1930)가 상연되었다. 무대 위에 꿈의 세계를 끌어들인 〈화재의 사이클〉로부터, 자전적 작품들(《빅토르 혹은 힘을 가진 아이들》《트라팔가의 일격》《아버지의 검》)을 거쳐 〈있는 그대로의 삶〉에 이르기까지 세상에 대한 비트락의 시각은 특히 음울하다. '절대적' 초현실주의에 의해서 그는 세계의 부조리에 대해 점점 더 날카로운 의식을 갖게 되고, 이로 인해 알프레드 자리와 이오네스코의 형제가 된다. 성인들의 사회는 광적이고 잔인하며 기괴하다. 이것이 바로 아홉 살에 어른처럼 말하고 행동하며 극을 이끌어 가는 천재적인 아이 빅토르의 교훈이다. 하찮은 부르주아 사회의 바보 같은 규범과 비도덕성을 거부하는 방법으로 빅토르는 자신을 죽게 내버려둔다. 그러나 비록 비트락이 무대 위에 잔혹성과 부조리를 끌어들인다 할지라도 '주제면'에서이지 아르토가 잔혹극을 만든 정신의 차원은 아니다. 그래서 비트락에게 있어서 선동은 초현실주의가 발견한 온갖 방법을 이용해 산산조각난 일상 언어를 대상으로 한다. 패러디는 물론이고 찾을 수 없는 물건들(앉은뱅이 저울 시계, 타르트용 사슬, 《캠롯》에 나오는 교황 성 베드로의 기사 초상)의 열거는 의미 없는 낯선 세상을 환기한다. 또한 대화를 두운법에 의한 음성 단위로 축소시킨다. 이런 예로는 《빅토르 혹은 힘을 가진 아이들》에서 "메르 모르트(죽은 바다)처럼 '썩어가는' 이다 모르트마르 (…) 이다, 다다, 이다, 다

다. 모르트? 모르트마르? 모르트? 모르트 마르? 자네 마르, 마르, 마르."[1] 비트락은 단어들(vinoseille, vachinose, gruesaille)을 만들기도 한다. 이 단어들은 어떠한 지시 대상도 없이 자발적이고 시적이며 노골적인 세계를 구축한다. 때때로 야릇한 이 극작술은 쉽게 되찾을 수 있다. 1962년에 아누이가 《빅토르 혹은 힘을 가진 아이들》을 다시 무대에 올렸을 때, 그는 이것을 메시지가 있는 작품으로 다룬다.

  1) 프랑스어의 언어 유희를 보여 주기 위해서 이 부분은 해석하지 않고 음성 표기만으로 그친다.
  원어: Morte? Mortemart? J'en ai marre, marre, marre.
  의미: 죽은? 모르트마르? 나는 싫증나, 싫증나, 싫증나.

가운데 가장 널리 알려진 《연극과 그 분신》을 이룬다.

잔혹성의 제1차 선언문

 이 선언문에서 아르토는 엄밀한 의미에서 작품보다는 분위기나 현실 포착 방법에 연결된 순간의 상연('텍스트를 생각하지 않고')을 예견했다. 그가 엘리자베스 시대 연극을 원한 이유는, 이 연극이 현재 고통받는 정신의 상태에 잘 부합하는 것처럼 보였기 때문이다. 사드의 콩트나 푸른 수염 이야기, 혹은 낭만주의 멜로드라마를 생각한 것은 아르토 자신이 이 이야기들 가운데서 감지해 낸 잔인하게 혼란스런 잠재성 때문이다. 그는 '작품을 상연'하려 한 것이 아니라, 일종의 물질적 투사 방법에 의해 정신 가운데 막연하고 드러나지 않은 모든 것을 표명하기에 이른다. 이 모든 계획들 중에 실현된 것은 아무엇도 없다. 유일하게 잔혹극을 구체적으로 실현한 것이 1935년의 《첸치가(家)》이다. 이 작품은 아르토가 셸리와 스탕달의 작품을 각색해 쓴 4막 10장의 비극이다. 《첸치가》는 실패하고, 이로 인해 아르토는 소외되고 저주받았다는 격렬한 감정에 휩싸이게 된다. 연극에 대해 그가 품었던 이상은 실현되지 못한다. 아르토가 한창 파산하고 있는 서구에서 관객의 기대에 부응한다고 생각했던 것을 확립하기 위한 임무를 맡긴 것은 바로 《연극과 그 분신》이라는 하나의 텍스트였다. 아르토가 연극에 대해 새로운 시각을 정립하는 바로 그 순간에 유럽과 완전히 단절하려는 의지가 그것에 수반되어 있다는 사실을 알지 못하면, 그의 지나친 급진적인 선택을 이해할 수 없다. NRF출판사가 《연극과 그 분신》의 출간을 주저하는 동안 아르토는 멕시코를 향해 떠난다. 그는 멕시코에서 "땅에 연결되고 용암 속에서 유실된, 그리고 인디언의 피 속에서 요동치는 문화의 마법적 현실을 발견하려 한다. 이런 문화에 불을 다시 지피기는 어렵지 않을 것이다."(《타라휴마라의 나라로의 여행》, 1945) 또한 그는 멕시코에서 환각제인 페요테 선인장을 구하고자 한다. 이 환각제의 복용으로 이젠 마약도 진통 효과를 주지 못하는, 어린 시절부터 견뎌 온 끔찍한 고통에서 벗어날 수 있기를 바란다. 그에게 있어 멕시코는 거짓 세상에서 빠져 나오려는 희망을 가지고, 육체와 사고(思考) 사이의 끔찍한 분리를 극복하기 위한 투쟁이다. 그리고 그가 항상 지니고 있는 "앙토냉 아르토를 참관한다"는 감정이며, "생각 속에서 육체를 다시 태어나게 하고, 생각을 전체적으로 체험하고,

생각 자체로 쓰여지기 위한" 노력이다.(필립 솔레르스, 《논리학》, 1968) 성스러운 것과의 연결고리를 잃어버리지 않은 멕시코 문화와의 접촉을 통해 아르토는 존재가 계시하는 초월을 경험한다. 그는 돌아와서 《연극과 그 분신》의 서문을 쓴다. 이렇게 해서 이전 작품들 사이의 왕래가 이루어진다. 그 가운데 일부는 연극과 페스트를 연관시키려 했다. 또 상연과 형이상학 사이의 관계를 명확히 하거나 잔혹의 의미, 그리고 그의 최근 경험 등을 정의 내리려 한 작품도 있었다. 존재는 다른 곳, 서양에서 멀리 떨어진 곳에서 잃어버린 일체감을 되찾을 수 있다는 희망을 가질 수 있다.

연극과 그 분신

연극과 무의식

서양은 삶을 숙고의 대상으로 만들었다. 이렇게 해서 서양은 피로 삶을 끝장냈다. 연극은 무기력하고 무감각한 힘의 지배에 기여한 바 크다. 그 힘을 무정부적인 와해의 힘으로 다시 만들어야 한다. 그렇게 하기 위해서 더 이상 연극을 놀이로 여겨서는 안 된다. 왜냐하면 아르토에 따르면 연극은 '진정한 현실'이기 때문이다. 행위, 즉 상연은 더 이상 일상 속에서의 재미있는 여담이 아니다. 더 이상 무대와 세상 사이의 차이는 존재하지 않고, 관객에게 있어서 모든 공연은 자신의 생활을 연기하는 방법이 되어야 할 것이다. 아르토는 무대 위에 위험을 정착시키려 한다. 이 위험의 극작법은 일상적인 관계, 대상들 사이에서 확립된 관계들을 문제시하면서 관객의 습관적인 능력 사용을 혼란에 빠뜨린다. 이러한 극작법에 의해서 관객은 이 공연을 놓치면 자기 삶과 관련된 어떤 본질적인 것을 놓쳤다는 감정을 갖게 될 정도로 혼란에 빠진다. 따라서 연극은 무상의 것으로부터 필수적인 것이 된다. 공연은 매일 저녁 반복될 수 있는 것이 아니라 삶의 어떤 사건만큼 유일하다는 인상을 준다. 이렇게 해서 연극은 가능하면 삶에 가까이 다가서고 삶을 지속시킨다. 더 나아가 연극은 현실보다 더 필수적인 것으로 보이게 하는 예언적 영역을 지닌다. 그러므로 연극은 더 이상 이미 알려진 인간 존재의 측면을 되풀이하지 않고, 정신적이어서 보이지 않는 측면을 정복하려 애쓴다. 숨겨진 것, 무의식적인 것, "읽을 수 없는 꿈의 특성과 자기(磁氣)적인 매혹에 속하는 모든 것, 정신을 사로잡는 모든 의식의 어두운 계층, 우리는 이것이 무대 위에서 빛나고 군림하는 것을 보려 한다." 사실 인간 행동을 통합하는 부분으로서 무의식을 모를 수는 없다. 주제의 내면에 있는 단층을 보여 주기 위해 아르토는 마네킹으로 배우들을 중복시킨다. 그리고 현실의 모든 계층을 동시에 인식시키는 방법으로 제스처의 특성(la gestuelle: 제스처의 특성과 유사한 개념. 어떤 배우나 등장 인물의 특별한 몸짓의 방법으로, 배우의 제스처 형식과 특징을 포함하며, 제스투스의 개념을 준비한다.(파트리스 파비스, 《연극 사전》) 이하, la gestuelle은 '제스처의 특성'으로 옮김)과 소리를 계산하려 한다.

텍스트의 신성성을 빼앗기

연극과 삶 사이의 관계를 재확립하기 위해, 문명에 부합하는 상연과 텍스트에 대한 지나친 집착으로부터 벗어나야 한다. 텍스트에 대한 맹목적 숭배는 또 다른 맹목적 숭배를 유발했다. 이는 어쩔 수 없이 알려지지 않은 것에서 알려진 것으로 축소되는 심리 분석에 대한 숭배이다. 그런데 사실 알려지지 않은 것과 축소할 수 없는 신비가 흥미진진한 것이다. 연극은 '무대 분위기를 채우고, 생기를 불어넣는 어떤 방법'으로, 구체적인 언어를 사용하는 물리적이고 구체적인 장소이다. 무대를 차지하는 모든 것으로 이루어진 물질적이고 견고한 언어, 그리고 무대만이 산출할 수 있는 언어를 만들어서 연극에 특수성을 돌려 주어야 한다.

상연언어

오직 잔혹극만이 육체와 정신 사이의 치명적인 상반 관계를 치유하고, 서구 사상의 이중성을 파괴할 수 있다. 이러한 잔혹극은 미메시스와 혼동된다는 이유로 로고스의 목을 비트는 것으로 출발한다. 따라서 표의(表意) 가치를 지닌 단어가 없는 언어와 무대적 글쓰기를 고안한다. 무대적 글쓰기란 사물에 시각적인 형상을 제공하는 것으로 음악, 춤, 팬터마임, 제스처의 특성, 조명, 무대 배경 등 가능한 모든 표현 방법을 사용할 수 있다. 이렇게 해서 아르토가 형이상학이라 지칭하는 것에 도달한다. 그가 보기에 이러한 형이상학을 가장 잘 구현하고 있는 것이 발리 연극이다. 배우들이 기호들을 통해 상형 문자가 되고, 보편적인 의미에 도달하는 발리 연극에서는 공연의 모든 요소들간에 절대적인 교감이 확립된다. 이를테면 색채·제스처·비명 등 모든 것이 교감한다. 배우들은 엄격한 훈련에 따르고, 즉흥 연기는 전혀 없어서 아무리 미세한 움직임이라도 신기에 가까울 만큼 완벽하게 통제되고 있다는 인상을 준다. 이러한 점들은 초자연적인 필요성에 대한 감정을 유발하고, 육체가 초월적인 요구에 순응하고 있다고 생각케 한다. 형이상학적인 척도는 이러한 필요성에서 나온다. '추상적인 것에 대한 구체적인' 개념이 여기에서 확립된다. 마치 정신이 대사로부터 해방되고, 육체는 무모한 즉흥 연기에서 벗어난 것처럼 정신 상태를 표현하는 데 순수한 제스처 하나면 족하다. 서구 철학을 형성하는 모든 관념과는 대조적으로 형이상학은 가시적이 된다. 이렇게 고안된 무대언어는 공포·도취·현기증 등으로 통한다. 동양 연극은 서양 연극이 떼어 놓은 것, 이를테면 제스처와 관념, 시와 과학 등을 합치고 에고 가운데 갇히는 대신에 우주에 뿌리 내릴 수 있다.

잔혹성에 관하여

이 어려운 개념에 대해 아르토는 다음과 같이 기술한다. "잔혹성은 필요성에 따른다. 잔혹성은 삶의 모든 표현의 필수적인 양상을 증언한다. 그런데 모든 삶의 창조는 잔혹하다. 왜냐하면 선과 악의 대립된 힘 사이에서 갈등을 야기시키기 때문이다. 선과 악의 관계는 어떠한 것도 다른 것 없이 나타날 수 없다. 창조는 계속되고 있으므로 연극은 동시에 나타나는 선과 악을 통합해야 하고, 갈등을 해결한다고 자처해서는 안 된다. 생명의 과정과 마찬가지로 연극에도 끝이 없다. 그리고 상연이 끝난 후에도 모든 것은 지속된다. 끝으로 페스트를 본뜬 연극은 삶의 절정과 마찬가지로 모든 경계에 대한 위반을 허락한다. 삶이 무정부적이기 때문에 연극은 무정부적인 세력을 해방시킨다. 그러나 연극은 삶과 다르므로 "행동으로 옮겨가지 않는다." 배우는 도덕을 부수적으로 유지하면서 실제적인 행동의 결과가 아니라 역동적 원칙만을 보게 하며, 아무것에도 이르지 못하는 행위를 모방하는 것으로 그친다.

3. 무대의 잔혹성

축소할 수 없는 어려움

연극의 어려움은 세상에 대한 신비로운 개념과 한계를 찾으면서 지속적으로 체험된 존재와 관련된다. 그런 만큼 연극의 어려움을 단순화하지 않으면, 연극은 인간의 개인 생활과는 아무 관련 없는 일종의 1차적 삶의 원칙과 같아진다. 아르토는 이 사실을 이해하고 있다. 그는 니체 이후에 미메시스의 결정적 소멸을 향해 가장 멀리 나아갔던 사람이다. 예술은 삶을 모방하지 않는다. 오히려 삶이 예술의 초월 원칙을 모방한다. 지금까지 서양 연극은 담화의 가치만을 드높였다. 이런 연극이 어느 날 갑자기 다른 방향으로 나아가거나 잔혹극의 요구에 부응할 수 있을까? 브레히트의 극작법은 쉽지는 않더라도 구체적인 결과 도출이 가능해 보인다. 하지만 아르토에 관해서는 그것이 불가능해 보인다.

관객

아르토는 관객의 학교 같은 것을 제안하지 않는다. 그러지 않고서도 관객은 사랑·약물 혹은 전쟁을 통해 아르토 자신이 무대 위에 올리고픈 시적이고 초월적인 삶의 상태에 도달할 수 있을 것으로 보았다. 성스러운 신비와의 일치를 연극 원칙으로 내세우고서, 아르토는 무대와 객석 사이의 구분을 없애고 관객을 행위 속으로 빠져들게 한다. 이때 관객은 빛·소리·제스처의 특성 등의 결합 효과에 문자 그대로 매혹된다. 연극은 성스러운 예식과 관계 있는 의식(儀式)이다. 왜냐하면 성스러운 예식처럼 연극도 금기를 깨뜨리고, 참석자들의 몸에까지 가닿기 때문이다. 그러나 정신적인 방법을 제외하고 관객을 변화시키는 것은 연극의 몫이 아니다.

몇몇 실용적 해결 방안

아르토는 기꺼이 연출가가 지배하는 총체적인 무대 글쓰기의 몇 가지 과정을 기술했다. 앞에서 분석된 제안들을 무대 용어로 옮기기는 어려울 것 같으므로 몇 가지 예를 들어 보려 한다.

- 아르토는 관객에게 조명의 진동을 알려 주고, 그 의미를 있는 그대로 전달하기 위해 조명을 물결처럼 혹은 평면으로 확산시킬 수 있는 새로운 방법을 원한다. 가령 강렬한 조명으로 어떤 등장 인물을 비추는 것은 그를 화형시키려 한다는 사실을 암시할 수 있다.

- 비록 아르토가 텍스트의 전횡을 비난하고 있지만, 그렇다고 해서 잔혹극에서 말을 제거하지는 않는다. 자크 데리다의 분석을 따르자면, 잔혹극에서 말은 프로이트가 묘사한 꿈의 장면에서와 유사한 위상을 확보한다. 프로이트의 꿈에서 말은 시각적으로 물질화되고, 하나의 사물이 될 수 있다.

- 무대 위에서 자기 자리를 갖는 모든 사물이나 육체는 근절이나 체계적인 왜곡 과정을 거친다. 그가 남긴 계획들 가운데에서 아르토는 투명 벽, 변형 거울, 끔찍하게 커진 일상적인 물건들(예를 들어 탁자보다 더 큰 과자 따위)처럼 대체로 생산의 원칙에서 이상하고, 불안을 조장하고, 초현실적인 물건들을 고안한다. 특히 그는 인형, 마네킹, 가면, 혹은 분할된 육체에 속하는 깨진 조각 등의 형태를 이용해 인간 육체의 등가물들을 많이 만들어 낸다.

- 끝으로 등장 인물과 그의 심리적 특성을 거부한 아르토가 배우에게 기본적인 역할을 부여했다는 것은 논리적이었다. 아르토는 연극을 신성한 근원과의 관계 아래 다시 두고, 예식으로서의 연극의 뛰어난 기능을 환기시키려 했다. 브레히트의 비평적 연극이나 소외 과정과는 반대로, 아르토는 무대를 통해 인간과 우주의 결합을 경축하려 했다. 그는 동양적인 극예

술 형태 가운데서 이러한 개념을 합법화할 수단을 발견한다. 틀림없이 그는 연극이 내용을 전달할 임무를 가진다는 생각을 흔들어 놓는 데는 성공했다. 하지만 그렇다고 해서 그의 연극에 정치적 측면이 없는 것은 아니다. 그리스인들이 연극을 이해하듯이 그의 연극을 이해해야 한다. 그리스인들은 비극을 보러 극장에 가면서 애국적인 제의(祭儀)에 참여한다는 의식을 가진다. 그러나 그는 모든 공연을 완전히 본질적이고, 모든 존재가 연루된 '재생산'이나 '반복'이 불가능한 행위로 만들고자 한다. 왜냐하면 그의 논리는 무대의 절대적인 현재 가운데서 소멸되는 것이기 때문이다. 이로 인해 그는 아무리 혁신적이거나 혁명적이라 할지라도 서구 문명이 이해할 수 없는 것을 동시대 사람들에게 원한 셈이었다.

12

50-60년대의 연극

1. 상연에 대한 관념인가, 관념의 상연인가?

50년대에 비평계가 여러 가지 연극 선언들을 통합하고 전통에 도전한 작품들을 분류하려 했을 때, 소설 분야에서 확립된 표현을 연극에도 적용시켰다. 몇몇 독자 노선을 걷는 작가들을 제외하고 새로운 극작가들은 체계적으로 브레히트나 아르토의 영향 아래에 있다. 특히 그들은 현대 연극의 기초를 이룬 역사의 폭풍, 미메시스의 위기, 가치 전복 등을 모른 채 고전적 휴머니즘, 거울 같은 무대, '문제극'과 사상극 등을 조용히 되살리고 있는 당시의 연극에 반대한다. 콕토·지로두·몽테를랑·사르트르·카뮈 등이 새로운 연극인들에 속하지 않는 데는 명백한 이유가 있다. 사상의 대담함, 매력적이고 섬세한 언어, 그리고 용기 있는 참여에도 불구하고 그들은 현대 연극에 전혀 기여한 바가 없다. 오히려 이들 가운데 어떤 이들은 지적이고 매력적 특성에 의해 진보된 시각(사르트르와 카뮈가 이런 경우이다)과 새로운 형태를 혼동하는 모든 인텔리겐치아로 하여금 연극에 대한 순응주의적 시각으로 되돌아가게 했다. 또 다른 이들은 환멸을 느낀 댄디의 노련한 구성을 대담한 심미학으로 착각하게 했다.

2. 50년대

아방가르드 무대

 연극은 이제 대극장(특히 '코메디 프랑세즈')에서 소극장으로 옮겨간다. '녹탕뷜' '위셰트 극장' '몽파르나스 극장' 같은 소극장은 그때까지 알려지지도 않았다가 아방가르드의 산실로 갑자기 진급하였다. 연극의 중심은 불바르 연극과 풍속 희극의 전통적 봉토인 센 강 우안에서 지성인들의 영역인 좌안으로 옮겨간다. 연출가(로제 블랭, 장 마리 세로, 조르주 라벨리, 피터 브룩, 조르조 스트렐레르)와 작가는 지속적으로 교류하고, 이같은 교류는 새로운 연극의 특성 가운데 하나이다. 작가들의 면면을 살펴보면 다음과 같다. 우선 자크 오디베르티(《콰-콰》, 1946)와 《대머리 여가수》(1950 초연)로 상당한 소란을 일으킨 외젠 이오네스코 등이 있다. 다음으로 아르튀르 아다모프는 초기 작품인 《패러디》와 《침입》이 상연되지 않은 채 각각 1947년과 1950년에 출판되었고, 세번째 작품 《크고 작은 책략》이 1950년 '녹탕뷜 극장'에서 상연되었다. 장 주네는 1947년에 《하녀들》, 그리고 1949년에 《엄중한 감시》를 썼다. 1952년 《바다 대위》를 쓴 장 보티에도 있었다. 다음해에는 사뮈엘 베케트의 《고도를 기다리며》가 연극계를 강타했다. 이밖에도 페르난도 아라발, 장 타르디외, 르네 드 오발디아, 조르주 쉐아데, 카테브 야신, 롤랑 뒤비야르, 아르망 가티, 로맹 웨인가르텐 등이 있다. 이들의 작품은 모두 이 시기에 무대에 올려졌고, 이들 대부분은 80년대말까지 활발한 극작 활동을 계속한다. 이 시기 연극의 풍요로움은 예외적인 것으로 유럽은 물론 미국까지 연관된다. 예를 들자면 1964년 파리 공연에서 성공을 거둔 에드워드 올비의 《누가 버지니아 울프를 두려워하랴?》가 있다. 이밖에도 1968년 피더 바이스의 《마라 / 사드》, 해럴드 핀터의 《관리인》(1960), 《연인》(1962), 《무인 지대》(1975) 같은 작품들이 성공을 거두었다. 이 모든 극작가들은 과거 연극에 대한 거부, 연극의 모든 면에 현대성을 담아 내려는 의지와 같은 공통점을 지닌다.

대중적인 대극장들

이 시기에 아방가르드와 민중극 사이의 대립은 없다. 1951년 장 빌라르가 '국립 대중 극단'의 단장으로 임명된다. 그는 1947년 아비뇽 연극제를 개최했다. 이는 지방 분권을 향한 첫 번째의 커다란 움직임이다. 이런 노력들의 결과 1960년경 젊은 연출가가 이끄는 지방과 대도시 근교의 극단들에 대한 보조금 지급이 가능해졌다. 20세기 후반에 이르러 연극이 마침내 현대성을 이루어 낸 것은 비판적이고 열정적인 방식으로 이전의 의문들을 통합했기 때문만은 아니다. 연극이 전례 없는 표현과 정복 방법을 구체적으로 갖추고 있었기 때문에 가능한 일이었다. 국제 극단들의 창설은 이 점에서 의미가 있다. 프랑스에서는 처음으로 '사라 베른하르트 극장'에서 독일·영국·이탈리아·스페인의 작품들이 원어로 상연되었다.

3. 비현실적인 무대

'기괴한(insolite)'이라는 용어는 새로운 극작법에 적합하다. 마찬가지로 이미 언급된 소극장들에서 상연되는 작품들을 관람한 관객들이 느낀 감정을 표현하는 데도 적합하다. 첫번째 놀라움은 전체적인 시각을 가질 수 없다는 점에서 유래한다. 물론 몇 가지 불변수를 끌어낼 수는 있다. 이를테면 작품의 톤의 경우 도처에서 음울한 조롱과 냉소적인 반항을 나타낸다. 비난하거나 과장된 장광설과 '성찰을 진행시키는' 치밀한 대화는 없다. 왜냐하면 바로 성찰 자체가 의심되고 있고, 아무것도 막지 못했다는 이유로 논리나 합리성은 비난받고 있기 때문이다. 여기서의 아무것이란 나치의 끔찍함을 일컫는다. 이는 가장 체계적이고 조직화되었기 때문에 가장 끔찍한 인간의 타락으로 볼 수 있다. 죽음의 악취를 풍기는 세상에 대해, 어떤 가치를 취해야 할지 모르는 길 잃은 사회에 대해, 새로운 연극은 아무런 해답도 주지 않는다. 오히려 조리 없고 예측 불가능하며, 어리둥절케 하는 상황들을 보여 주면서 부조리를 과장한다. 거세게 몰아치는 충격이나 존재의 혼란을 정당화하기 위한 어떠한 초월성도 없고, 심리적인 설명도 없다. 산산조각난 등장 인물은 더 이상 한 인물을 재현할 수 없다. 적어도 행동을 예측 가능케 하는 최소한의 사회 규범마저도 낡은 휴머니즘의 파편과 더불어 사라져 버렸다. 몇몇 등장 인물에게 사회 규범의 흔적이 남아 있다면, 그 인물들이 조소거리에 지나지 않는 얼간이들이기 때문이다. 그들은 시간이 흘러가고 죽음이 다가오는데도 계속해서 수다를 떨 수 있다고 생각한다. 최소한의 신앙 고백도 논리적인 말도 결코 사용하지 않은 채 장 타르디외, 르네 드 오발디아, 그리고 초기의 이오네스코는 스스로 현실이라고 생각하는 현실 세계의 오만을 부숴 버린다. 그들이 사용하는 방법은 다음과 같다. 먼저 웃음으로 소극이 유발하는 보다 솔직한 웃음에서 블랙 유머의 미소에 이르기까지 온갖 종류의 웃음이 사용된다. 다음은 정신 착란(délire)으로, 몰상식하고 부적당하며 놀라울 정도로 무용한 제스처 · 단어 · 의상 · 물건들을 이용해 정신 착란을 불러일으킨다. 기존의 모든 장르들(질서 · 의미 · 언어 등에서 전반적으로 단절된 가운데 '희극' · '비극' · '드라마' 따위의 단어들이 무슨 의미가 있을까?)을 조롱하면서, 이 시대 작가들은 모두 어쩔 수 없이 소극에 이끌리고 있는 것 같다. 왜냐하면 어떠한 규범에도 따르지 않는 소극은 상상력에 호소하기 때문이다. 모든 것을 감행하려 들지만 않는다면 소극에서 모든 것은 허락된다. 그 이유는 소극이 몸을 뒤틀고 얼굴을 변형시키며, 사물들의 방향을 바꾸기 때문이다. 또한 소극이 내면성, 심리, 모든 형태의 설명 등을 조롱하기 때문이기도 하다. 그리고 무엇보다도 소극이 반(反)휴머니즘적 성격을 띠기 때문이다. 알프레드 자리는 서구의 문화적 전통이 가장 싫어한 장르를 되살리면서 그 길을 열었다. 이렇게 해서 르네 드 오발디아는 우화를 모델로 첫 작품 《제누지》(1960)를 쓴다. 이 작품에서 그는 새로운 언어인 '제누지엥(le génousien),' 상상 속의 민족(튀베루즈의 여성주가 베푸는 저녁 식사에 초대받은 여행자가 예언적으로 선언한다. "레 올리(Les Holi), 레 오나(les Ona), 레 노아크(les Noaques), 레 취취쓰(les Tchitchisses) 등 모든 원시 문명은 인간을 그 존재학의 수준에 위치시킨다") 등을 만들어 내고, 이미지들을 배가시키면서 상상력의 절대적인 힘을 단언한다.

비현실에 사로잡히고, 동시에 합리성의 제약에서 해방된 새로운 연극 무대에서는 모든 것이 가능하다. 우선 연극을 재현 대상으로 삼기. 타르디외는 연극을 재현 대상으로 삼는 방법을 사용한다. 타르디외는 작품의 주제로서 연극의 대화 기능, 방백놀이를 선택하고, 연극이 어떤 액세서리나 제스처를 필요로 하는지의 문제를 무대 위에 올린다. 다음으로 연극을 패러디하기. 가장 낡아빠진 시나리오(가정의 질서, 부부, 사교계의 관계)와 웅변술·교육 등 연극에서 선호되는 효과의 테두리 안에서 연극을 패러디한다. 이렇게 해서 낡은 멜로드라마나 보드빌을 망상적인 소극으로 방향 전환시킨다. 끝으로 연기 속에 연기를 끌어들이기. 재현을 통해 픽션을 신비롭게 만들고, 계획을 다양화시키기 위해서이며, 주네가 이런 방식을 채택하게 된다.

13
장 주네의 제의극

주네는 황당한 방법으로 무대를 비현실적으로 만들려 한다. 아르토와 마찬가지로 주네도 무대를 호화로우면서도 위험한 제의의 장소로 간주한다. 그 또한 아르토처럼 기호 하나하나가 전체 속에서 의미를 끌어내는 엄숙하고 치밀하며 장엄한 공연을 꿈꾼다. 마침내 그는 저마다 내면에 가지고 있지만 사회 규범 때문에 억압된 음울한 힘, 즉 성과 죽음의 힘이 드러나는 무대의 위험과 과감하게 맞선다.

주네의 극작품

1947, 《하녀들》: 루이 주베 연출. 1954년 타냐 발라쇼브가 다시 상연함.
1956, 《발코니》: 피터 자덱이 런던에서 상연, 이어 1960년 피터 브룩이 파리에서 상연.
1959, 《흑인들》: 로제 블랭 연출.
1961, 《병풍》: 1962년 서베를린에서 공연. 1966년 당시 문화부 장관 앙드레 말로의 지원 덕분에 파리의 '오데옹 극장'에서 상연되어 엄청난 스캔들을 일으킴. 풍자적이고 선동적인 이 작품은 노골적인 캐리커처를 사용해, 프랑스의 알제리 식민 통치 당시 본국 출신 주민들과 알제리 군인들을 묘사했다.

1. 두 가지 예: 《하녀들》과 《병풍》

《하녀들》에는 하녀인 클레르와 솔랑주, 그리고 주인인 부인 등 세 명의 인물들이 등장한다. 부인이 외출하고 나면 두 자매는 기이한 의식(儀式)에 몰입한다. 한 명은 부인 역할, 다른 한 명은 하녀 역할을 하는 의식이다. 시나리오는 잘 짜여져 있다. 부인 역할을 하는 이는 옷을 입고, 치장하고, 화장을 한다. 그녀는 과장된 방식으로 마님처럼 말하고, 걷고, 명령을 내린다. 동시에 정면에서 그녀의 파트너는 복종의 특징들을 과장한다. 의식은 사도-마조히즘적인 장면처럼 천천히 전개된다. 그러나 곧 하녀들이 '끝까지 밀고 나갈' 시간이 없음을 알게 된다. 그렇지만 이번에는 외부적 사건 때문에 서둘러 이 의식을 끝내게 된다. 그녀들이 고발해서 옥살이를 시켰던 부인의 연인이 방금 출소한 것이다. 하녀들은 아연실색한다. 그녀들은 보리수꽃 탕약으로 부인을 독살하려 한다. 하지만 부인은 연인을 만나러 떠나고, 두 자매는 극도의 이상 흥분 상태에서 기이한 의식을 끝마친다. 솔랑주가 부인으로 분한 클레르를 독살하고 말았다.

2. 제의

욕망(부인, 부자들의 세계, 그리고 두 자매가 서로에 대해 가진 욕망)의 노예가 된 클레르와 솔랑주는 관객들이 보는 앞에서 '또 다른 무대' 위에 자리잡는다. 이곳은 모든 것이 가능하고, 무의식이 가장 고백하기 어려운 환상에서 해방되는 상상의 세계이다. 사회적 역할에서 벗어나 망상에 빠진 클레르와 솔랑주가 성과 죽음이 뒤섞인 욕망을 '끝까지 밀고 나가도록' 공연의 모든 기반이 조성된다. 클레르는 진짜 무대, 그리고 또 다른 무대에서도 죽는다. 그녀가 죽음을 맞이하는 부인의 방은 이미 오래 전에 임시 제단과 무덤으로 변화되었다. 장례 연극의 지휘자인 주네는 죽이거나 죽음을 당하는 것, 사디즘이나 마조히즘 등 죽음의 충동 가운데, 그리고 타락하여 지옥으로 떨어지는 가운데 진실이 들어갈 수 있다고 말한다. 《병풍》에서 이러한 타락은 살아 있거나 죽은, 그리고 어리석음과 악에 탐닉한 음울한 아랍인들과 프랑스인들, 본국 주민들과 군인들에게 영향을 미친다. 아직도 제의는 계속 전개된다. 종이 병풍을 뚫고 무대 위에 등장한 죽은 자들이 무대 위에서 살아 있는 자들을 바라보는 관객이 된다. 연극은 다시 죽은 자들의 공허한 시선 아래에서 둘로 나누어진다. 그리고 포주 와르다, 도둑인 동시에 밀고자이며 살인자인 사이드 등의 산 자들은 비굴한 코미디에 탐닉한다.

3. 제의극

가면을 쓰고, 반장화를 신고, 화려하게 옷을 차려입은 배우들은 과장되고 일상적이지 않은 제스처를 완수해야만 했다. 이렇게 해서 배우는 다른 세계의 실루엣이 되고, 유럽 문화와 아프리카 문화, 지배와 종속, 질서와 혁명 등 근본적인 기능과 충동을 재현한다. 극도로 상징주의적인 이 연극은 서양 연극의 환각주의에 도전한다. 배우들이 옮겨 놓는 병풍은 움직이는 공간, 꿈과 기억의 공간을 정의한다. 왜냐하면 이야기의 기호가 병풍 위에 씌어지기 때문이다. 주네는 연극을 이상하고 야만적이며, 삶의 원초적인 힘이 폭발하는 축제로 만든다. 과장과 호화로움 가운데서 무대는 팽이처럼 무한정 돌아가는 환각과 무정부적인 에너지를 가진 욕망을 드러낸다.

14
이야기하기와 말하기: 타르디외와 이오네스코

1. 언어의 위기

언어에 대한 신뢰가 존속되고, 주제가 언어를 제어할 수 있다는 환상을 가진 이상 세상의 질서도, 표현과 의사 소통의 도그마도 손상되지 않는다. 그러나 일단 언어의 위기가 시작되면, 새로운 연극에 의해 그 형태가 탐색된 재난이 뒤따른다. 일단 단어와 사물 사이에서 큰 차이가 확인되면 언어의 위기는 시작된 셈이다. 어떠한 보편성도 주장할 수 없는 공허한 의식과 관습을 가진 사회, 결정적으로 신망을 잃은 역사, 그 어느것도 더 이상 보장하지 못하는데, 어떤 언어가 고통스럽게 빠져 나가는 의미를 말할 수 있을까?

단어들이 지시 대상에 적합하다는 확신, 그리고 특히 현실이 이성의 표현인 담화의 명령에 복종한다는 생각은 극적인 미메시스에 대한 토대를 제공했다. 연극에서 언어는 세상에서 가장 자연스럽게 정보를 전달하고, 등장 인물을 견고한 구조 가운데 자리잡게 한다. 간단히 말하면 연극에서 언어는 환각의 주축이 된다. 새로운 연극의 작가들은 이러한 문제를 뒤엎는다. 그들에 따르면, 사람이 언어를 지배하는 것이 아니라 언어가 사람을 지배한다. 유럽 문화의 안정적인 이미지와는 반대로 언어는 이제 합리성이나 투명성의 굴레에 갇히려 들지 않는다. 프로이트(특히 말실수와 재치 있는 말(le mot d'esprit)에 관한 성찰에서, 또한 은유적 압축(la condensation)에 대한 분석에서)가 그것을 보여 주었고, 초현실주의자들은 언어에 관한 일련의 작동들(자동 기술법에서 어법에 맞지 않는 비교에 이르기까지)을 실행하면서 상상력의 창조에 있어 언어가 어떤 힘을 갖고 있는지를 암시했다. 이제 이러한 발견들을 교육적인 발표문이 아니라 순전히 연극적으로 사용하는 일이 남아 있다.

언어는 "사상을 표현하기에 적합하지 않다." 그러나 "아마도 가장 끔찍한 오해는 우리가 같은 언어로 말한다는 사실에서 기인하는 것 같다." "피에르가 한 말이 폴이 한 말과 통한다"고 고집스레 믿으며 혼란을 가중시킨다. 르네 드 오발디아가 《제누지》에서 내린 진단이 이와 같다. 단어는 '자의적'이고 사물이 아니다. 사물을 재현하지도 암시하지도 못한다. 또한 사물들 사이의 진정한 관계를 맺어 줄 수 있다는 주장에도 불구하고 '무기력'하다. 반대로 끔찍한 권력과 공포의 도구가 될 수 있다. 끝으로 단어는 휴머니즘 문화의 온갖 군더더기를 운반한다. 이를테면 전형·속담·격언·낡아빠진 어휘 표현 등을 들 수 있다. 이 모든 것들은 어떤 옛 보고(寶庫)에서 유래하는가? 알 수 없다. 어쨌든 '그것'은 말을 하고, 결코 멈추지 않는다. 물론 프로이트적인 '그것,' 그리고 무용한 단어들의 지긋지긋한 반복이기도 하다. 이 무용한 단어들은 정체성을 대신하고, 단어들이 단지 공허함으로 둘러싸일 때 충만함을 나타내는 체한다. 그것에 만족할 수도 있고 아닐 수도 있다. 또한 웃을 수도 있고, 이를 갈며 분노할 수도 있다. 타르디외는 이를 오히려 우스꽝스럽다고 생각하고, 단어를 희극의 재료로 삼는다. 이오네스코와 더불어 웃음은 고정되고, 소극은 슬픔으로 변한다.

2. 장 타르디외의 《언어의 희극》

시인 장 타르디외는 항상 단어들의 애매한 힘, 생동감, 노화 등 단어의 문제에 관심을 기울였다. 단어의 힘이 무디어질 때 사물들이 타락할 위험이 있다. 그의 연극은 이러한 강박관념에서 유래한다. 실험적인 방법으로 행해진 언어의 효과와 한계에 관한 연구는 그의 작품이 간결한 이유를 말해 준다. 《다른 단어를 위한 단어》(1951)가 10여 페이지 분량이고, 《당신의 말을 끝내시오!》(1966)는 6페이지에 불과하다. 이 '번개 드라마' 가운데 가장 알려진 몇 편에는 익살극과 블랙 유머 중간쯤 되는 유머가 깃들여 있다. 그의 극작품은 네 권의 책으로 취합되었다. 제1권 《실내 연극》(1955), 제2권 《연기해야 할 시》(1960), 제3권 《프로방스에서의 하룻밤, 혹은 단어와 외침》(1975), 제4권 《잠 없는 도시》(1984) 등이다. 이렇게 취합된 작품들의 제목만으로도 타르디외의 계획을 알 수 있다. 《다른 단어를 위한 단어》《무용한 단어들》《말하기의 의미》《무엇에 관한 일인가?》《대화-신포니에타》《동사의 시제》 등은 가장 일상적인 언어 사용을 무대 위에 올려 놓는다. 《다른 단어를 위한 단어》(1951)는 언어에 관련된 질병 치료의 예가 될 수 있다. 언어에 관련된 질병은 1900년경 부유층을 강타했던 것 같다. "가장 기이한 점은 환자들이 자신들의 질병을 알아차리지 못하고, 조리에 맞지 않는 말을 하면서도 정신은 건강하다는 점이다. (…) 간단히 말해서 단 하나의 기관만이 병에 걸렸고, 그것이 바로 어휘이다." 보드빌의 전통적인 상황에서 드 페를르미누즈 부인은 남편이 자신의 절친한 친구의 집을 드나들고 있다는 사실을 알고 남편에게 쏘아붙인다.

"됐어요! 모든 걸 다 알겠어요! 그 신비로운 휘파람 소리의 주인공이 당신이었군요. 그 소리에 그녀는 벙어리장갑과 상오리였구요! 당신은 여기에서 해조, 순대, 멋진 발을 만들러 왔군요. 그동안 나는 내 호도배새끼들[원어는 tourteaux로 그 의미는 둥근 빵이지만, 뒤에 '지저귀다'라는 단어가 나오는 것으로 보아, 이는 'tourtereaux(호도애새끼)'에 대한 오용인 것으로 보인다. 이런 언어 유희를 드러내기 위해 '호도배새끼'로 번역했음을 밝혀둔다]이 지저귀도록 대합을 손질하고 있었구요."

일단 웃음을 터뜨리고 난 후 모든 사람들은 이해한다. 그리고 아무도 수고스럽게 '해석하려' 들지는 않는다. 그 증거는 다음과 같다. "우리는 가끔 아무것도 말하지 않으려고 이야기를 한다. 그리고 만일 운이 좋아서 무언가 말할 것이 있다면 아주 다양한 방식으로 말할 수 있다. 소위 정신병자들은 우리가 그들의 언어를 이해하지 못하기 때문에 그렇게 불린다. 사람들 사이의 교제에서 종종 몸짓, 목소리의 어조, 얼굴 표현 등이 말보다 더 오랫동안 말하는 경우가 있다. 그리고 또한 단어들이 부여된 의미만을 갖기 때문에 그렇기도 하다."(《다른 단어를 위한 단어》 서문) 《당신 말을 끝내시오!》는 카페의 테라스에서 A씨와 B부인의 우연한 만남을 보여 준다. 이 작품은 인칭 대명사의 충돌이라는 가장 순수한 표현으로 축소된 사랑의 선언으로 끝이 난다. B부인은 외친다. "나는 당신에게! 당신은 나에게! (휴지, 그리고 숨을 몰아쉬며) 그대는 나에게!" 사실 더 이상 말이 필요 없다. 그러므로 단어들은 쓸모없다. 하지만 시시한 코미디는 이 필요 없는 단어들을 무대 위에 올린다. 페레메르 부부는 8월 어느 날 호텔에서 지루한 시간을 보내고 있다. 남편은 카드점을 치고, 아내는 뜨개질을 하고 있다. 부인이 남편을 공격한다. "귀스타브, 당신 참 조용하군요. 빨강머리에 샤를마뉴 쌀 같은 당신, 원컨대 당신은 고통스럽지 않겠죠?" 이 말에 뒤이어 남편은 "아니오 부인, 난처한 일, 모조 가죽 같으니! (화가 난 듯이) 악어, 피스타치오, 대추 같은 당신이 보다시피 난 카드점을 치고 있잖소!"(《무용한 단어들》) 단어들은 자유롭게 춤을 추고, 우리는 단어를 듣는 것으로 충분하다. 이는 시에 속하고 순수한 무용성을 나타낸다. 특히 타르디외는 내용 없고 시시한 대화에, 그리고 절대적인 필요성이 없는 단어들을 중얼거리는 것에 관심을 기울였다. 그러나 만일 단어가 왕(단어들만이 불확실한 대상을 확실하게 해주므로)이고, 근본적으로 주제는 불확실하다는 것을 되새긴다면, 단어들은 거의 해를 입히지는 않고 다만 불안하게 한다. 그와 그녀 사이에서 노동자가 일어서며 다음과 같이 말할 때가 그런 경우이다.(《전철의 연인들》) "단어와 단어들이 있어요. 그녀의 단어들과 당신의 단어들 말이죠. 그것들은 같지 않아요." 또한 단어들은 《동사의 시제》에서처럼 지나치게 강력할 수도 있다. 이 작품에서 과거로만 이야기하는 로베르는 현재와 미래를 없애 버리고, 결국에는 그를 치료하러 온 다른 사람들의 균형을 위협하기에 이른다. 전체적으로 유머가 지배한다면, 그것은 무엇인가를 의미하려 하거나 내면성을 이루려는 언어의 주장을 유머로 수축시킨 언어에 관해 행해진다. 반대로 타르디외의 연극은 음반과 등장 인물을 같은 면에 두거나(《이야기하기가 의미하는 것》), '단어 씨와 말 여사'와 같이 추상적인 사물들을 의인화(《우리 삶의 A, B, C》)하고, 또는 등장 인물을 직업(교수·판사·의사), 사회적 기능(손님·구직자·페레메르 씨), 혹은 A나 B 등으로 축소시킨다. 과거도, 사회적 지위도, 이야기도 없는 등장 인물들은 비록 횡설수설일지라도 이야기를 할 때만 존재하게 된다. 언어는 무기력하고, 인간은 사전을 뒤적거리는 일에만 몰입한다는 인식은 가장 아름다운 작품 《프로방스에서의 하룻밤, 혹은 단어와 외침》(1975)의 주제이다. 마주하고 있는 두 사람은 생각하는 두 가지 방법을 구현하고 있다. 한 사람은 단어와 단어들이 재현하는 사물·사람·현재·역사 등 모든 것을 던지고, 허무의 구원을 기다린다. 다른 사람은 불행과 고통을 치유하려 하고, '참여할 수 있다'고 생각한다. 그들은 곧 미지인의 자살 앞에서 단어가 비명과 마찬가지로 무기력하다는 사실을 깨달을 것이다. 작품은 '위대한 승리자'인 사전이 갈가리 찢어진 장면으로 끝이 난다. 두 등장 인물들은 바람 부는 대로 단어들을 뿌려 놓는다. "쉬콩베(죽다)…… 사크리레주〔자음운에 바탕을 둔 언어 유희 부분이므로, 프랑스어의 'S' 발음을 살리기 위해 의미가 아닌 발음 위주로 번역하였다〕(신성모독)…… 소쉬르…… 소크라테스…… 스캔들……." 그리고는 시처럼 우세한 의미 혹은 넌센스의 끝에 매달려 있다. 아마 언어만이 현실인 것 같다. 이와 같은 비극적 회의가 이러한 연극을 만들어 냈다.

3. 이오네스코: 언어의 비극

'이오네스코 혹은 부조리극,' 이 공식은 영국 비평가 마틴 에슬린으로부터 유래한다. 이렇게 해서 언어에 의한 세상과 인간의 화석화를 창작 원칙 가운데 하나로 내세운 이오네스코는, 역사의 아이러니에 의해 생전에 손쉬운 성공이 보장되는 연극 양식 가운데 가두어졌다. 그는 이 함정을 빠져 나갔다. 《대머리 여가수》(1950)부터 《왕이 죽어가다》(1962), 《살인놀이》(1970), 혹은 《막베트》(1972)에 이르기까지 이오네스코는 극적인 측면과 여러 가지 이데올로기를 두루 섭렵한다.

초기의 이오네스코

대부분의 초기 작품이 그러하듯이 스캔들로 성공을 거두기 전까지 1950년 초연된 《대머리 여가수》는 실패로 간주되었고, 스캔들을 유발하는 데 그친 작품으로 여겨졌다. 그러나 1957년부터 현재까지 《수업》(1951)과 더불어 단 한번의 중단도 없이 '위세트 극장'의 상연 목록을 굳건히 지키고 있다. 이 작품에 대머리 여가수는 등장하지 않는다. 이것이 첫번째 부조리 효과이다. 왜냐하면 고전극에서는 일반적으로 주인공의 이름이 작품 제목으로 사용되기 때문이다. 이야기는 존재하지 않는다. 런던 근교에 사는 영국인 스미스 부부는 또 다른 영국인 마틴 부부를 맞이한다. 대화는 평범함, 무의미, 자명한 이치 등으로 장황하게 늘어진다. 이오네스코는 영어로 《아시밀 방법》을 읽으면서 일상적인 대화에서 어떻게 부조리성의 계시를 받았는지 이야기했다. "세번째 교과부터 (…) 내가 얼마나 놀랐는지, 스미스 부인은 남편에게 그들에겐 아이들이 몇 명 있고, 런던 근교에서 살고 있으며, 이름이 스미스라는 사실을 알려 주었다."(《노트와 반노트》, 1962) 그러므로 이 반연극의 근원에는 평범한 세상 앞에서 느끼는 놀라움과 몇 가지 기이한 행동이 있다. 웃고 싶다면 사람들의 말에 귀기울여 보기만 하면 된다. 그런데 첫번째 작품부터 보다 불안을 조장하는 다른 기호들이 나타난다. '영국 추시계가 영국식으로 열일곱 번을 칠 때' 스미스 부인이 조용히 말을 한다. "저런, 아홉 시군요." 철모를 벗고, 잠시 앉으라는 권유를 받은 소방관이 말한다. "철모는 기꺼이 벗겠지만, 앉을 시간은 없어요." 그렇지만 무대 지시문에는 '그는 철모를 벗지 않은 채 앉는다'고 되어 있다. 제스처는 말과 반대되고, 말은 혼자서 떠돈다. 작품이 진전됨에 따라 언어병 증세는 심화된다. 이를테면 등장 인물들은 갑자기 속담의 열병에 사로잡힌다. 부조리한 속담·금언들이 빠른 리듬으로 쏟아진다. 예를 들어 "종이는 글을 쓰기 위한 것이고, 고양이는 쥐를 위한 것이며, 치즈는 손톱으로 움켜잡기 위한 것이다." 혹은 "설탕으로 이룬 사회의 진보가 더 훌륭하다는 사실을 증명할 수 있다" 등이 있다. 분노는 커지고 단어들은 충격을 주어서, 작품은 모든 등장 인물들의 히스테리적인 울부짖음으로 끝난다.

《수업》과 더불어 이제 어리석은 언동의 문턱을 넘어 음울한 소극 속에 잠긴다. 선생과 여제자가 대결하고 있다. 선생은 고집스럽게 가르치려 하고, 여학생은 아무 말도 듣지 않으려 한다. 분노가 극에 달한 선생은 여학생을 살해한다. 그런데 관객은 그것이 그날 선생이 저지른 40번째 살인임을 알게 된다. 여기서 에로스와 타나토스, 섹스와 죽음, 사도-마조히즘 등이 드러난다. 작품은 언어와 권력의 비밀스러운 관계를 드러낸다. 익살 뒤에 악몽이 있다. 선생이 말한 다음과 같은 기이한 '언어 이론'이 이를 증명한다. "만일 당신이 빠른 속도로 몇 가지 소리를 낸다면, 그 소리들은 자동적으로 서로에게 달라붙게 될 것이다. 이렇게 해서 소리들은 음절, 단어, 더 나아가 문장을 이루게 된다. 다소간 중요한 그룹을 이루기도 하고, 온갖 의미 없는 소리들의 완전히 비합리적인 조합을 이루기도 한다. 그러나 그 비합리성으로 인해 위험 없이 대기 속 높은 곳에 있을 수 있다. 단지 의미를 가진 단어들만이 의미의 무게 때문에 아래로 떨어진다. 그리고는 결국 주저앉고 몰락한다……." 이 말에 수업을 이해한 것 같은 여학생이 "농아들의 귀에"라고 결론짓는다. 언어의 뒤틀림·폭력·어리석음 등은 등장 인물과 그를 둘러싼 구체적인 세계의 매우 고뇌하는 시선과 쌍을 이룬다. 이오네스코에게 있어 등장 인물은 최소한의 개인성도 없으며 대체 가능한 대상이다. 이런 연유로 《대머리 여가수》에 나오는 윗슨 가족의 모든 구성원들은 보비 윗슨이라 불린다. 그리고 《자크 혹은 굴종》(1955)에서 아들은 자크, 그의 누이는 자클린, 어머니·아버지·할아버지 그리고 할머니까지 모두는 자크이다. 그런가 하면 《의자》의 두 등장 인물들은 단순히 노인과 노파이다. 모든 등장 인물들은 전형화되고, 하나의 충동을 우의적으로 구현한다. 특히 등장 인물의 비인간화를 지향한다. 이오네스코의 무대 지시문은 상당히 수가 많고 정확하다. 무대 지시문을 통해 등장 인물과 그를 둘러싼 물건들, 그리고 무대 배경 등이 재빠르게 소개된다. 일반적으로 무대는 여러 가지 물건들로 가득하다. 이 물건들은 등장 인물처럼 극도로 전형화되거나, 그렇지 않으면 일종의 위협과 생물체가 될 잠재적 능력을 내포하고 있다. 《수업》에 나오는 선생님의 코안경, 검은 빵모자, 흰 칼라 등은 이 선생을 제3공화국 교사의 꼭두각시로 만들어 버린다. 박해받는 아들 자크의 옷은 너무 작다. 배우들은 가면을 쓰거나 과장된 화장을 해야 한다. 사지는 절단되거나 망상적인 변형에 내맡겨진다. 이렇게 해서 이를테면 유년기나 노년기 등이 등장 인물 위에 새겨져야 한다. 무대 배경은 전반적으로 황폐해지고, 가장 의미 있는 역할은 주로 조명이 맡게 된다. 《자크 혹은 굴종》에서 초반부에 어두웠던 조명은 마지막에는 물빛 초록색을 띤다. 사물들은 급속도로 번식하고 나름대로의 생명을 갖는다. 《아메데 혹은 어떻게 그것을 제거할 것인가?》

휴머니스트적인 이야기 : 《코뿔소》와 《왕이 죽어가다》

《코뿔소》(1960): 상상 속의 행복한 나라에서 어느 날 갑자기 한 마리, 그리고는 몇 마리의 코뿔소가 나타났음을 알리는 신호가 울린다. 사람들은 이 코뿔소가 서커스단에서 도망쳐 나왔을 것이라 생각한다. 그런데 그 코뿔소들은 다름 아닌 주인공 베랑제의 직장 동료들이자, 예전의 평화로운 작은 마을 주민들이 변형된 것이다. 머리 위에 뿔이 하나 솟아나고 딱딱한 껍질로 뒤덮인다. 그들은 지나가면서 자신들과 닮지 않은 모든 것을 파괴하기 시작한다. 약혼녀에게서까지 버림받은 베랑제는 저항하고, 혼자서 인간의 존엄성을 주장한다. 이야기는 명료하다. '코뿔소 성'을 통해 모든 전체주의 이데올로기를 겨냥하고 있다. 유일한 해답은 인간 자유의 확립이 될 것이다.

《왕이 죽어가다》(1962): 이 작품의 주인공 역시 베랑제이다. 서정적이고 기이한 왕 베랑제는 자신의 왕국과 자기 몸에서 죽음의 위협이 상승하는 것을 무기력하게 방관하고 있다. 늙은 마르그리트와 젊은 마리 등 두 명의 왕비, 천문학자이자 사형 집행관인 의사, 하녀, 문지기 등이 잔인하게 혹은 부드럽게, 무관심하게 혹은 이해심을 가지고 왕의 죽음을 준비하고 있다. 죽음에 직면한 인간을 상징하는 왕은 몸부림치고, 마침내는 누군가 자신에게 체념하는 법을 가르쳐 달라고 애원한다.

(1954)에서 끊임없이 커가는 시체는 노부부의 사랑과 죽음에 대한 과장된 상징이다. 《의자》에서 40여 개의 의자는 노인들이 살고 있는 초라한 아파트를 조금씩 점령해 간다. 이오네스코의 초기 극작법은 언어와 등장 인물에 대한 개념만큼 혁신적이고 선동적이다. 두번째 시기의 작품들은 비록 연출면에서 창의력이 풍부하고 현대적이긴 해도, 훨씬 더 휴머니즘적인 연극과 연결된다.

휴머니즘의 귀환

이오네스코의 연극은 허무와 넌센스의 재현으로부터 개인을 파괴하는 사회에 대항하여 개인의 도덕을 옹호하는 쪽으로 발전해 갔다. 이오네스코가 끔찍할 정도의 의미 부재를 보여 준 후에, 《단어와 사물》(1966)을 통해 인간의 죽음을 예고한 미셸 푸코의 분석과 뜻을 같이한 것은 어쩌면 당연한 일일지도 모른다. 그런데 그는 자신의 극 속에 새로운 휴머니즘을 구축하는 방법을 선택했다. 《무보수 살인자》(1959)부터 이름과 어느 정도의 신빙성을 지닌 인물이 등장한다. 그가 바로 순진하지만 용기 있는 베랑제이다. 작품에서 그는 겉보기에 아무 이유 없이 찬란한 도시의 주민들을 살해하는 신비한 살인자와 대결한다. 사실 죽음은 소위 문명이 진보하기 위해 치러야 하는 대가다. 작품의 결말 부분에서 조롱하는 살인자와 마주 선 베랑제는 살인을 멈출 것을 종용한다. 그러나 그가 이미 사장된 가치들(논리·정의·자유)에 의거하는 이상 언어는 무기력할 수밖에 없다. 이렇게 해서 베랑제 이야기가 시작된다. 그는 이오네스코의 가장 유명한 정치극 《코뿔소》의 주인공이 된다.

역설적으로 마침내 이오네스코의 무대를 재구성한 것은 바로 말이다. 대화의 귀환, 되찾은 독백의 취미(베랑제의 독백), 그리고 고대 극체계의 노출 등이 이를 증명해 준다. 진행 과정은 일관된다. 단어들에 대해 지나친 환상은 갖지 않지만, 이야기하는 힘을 되찾은 이에게서 인간에 대한 어느 정도의 신뢰가 회복된다.

15
참을 수 없는 것, 말할 수 없는 것: 베케트

베케트와 이오네스코를 부조리극의 쌍두마차로 간주해 버린 고정관념은 한 가지 분명한 사실을 감추고 있다. 즉 세대가 같다는 사실로 설명되는 그들의 표면적 만남을 넘어서면, 이오네스코와 베케트의 작품은 서로 너무 멀리 떨어져 있다는 것이다. 베케트에게 있어서는 비록 비극적이라 할지라도 어떠한 휴머니즘과의 화해도 불가능하다. 패배는 결정적이고, 황폐함은 존재론적이다.

1. 몇 개의 이미지

《고도를 기다리며》(1953)에서 두 인물 블라디미르와 에스트라공은 나무 아래서 결코 오지 않을 수수께끼 같은 인물 고도를 기다리고 있다. 겉보기에 고도는 블라디미르와 에스트라공을 구원해 줄 수 있을 것 같기 때문에 고도가 오지 않는다는 사실은 더 안타깝다. 무엇으로부터의 구원일까? 분명히 죽을 힘도 없이 계속해서 살아야 할 필요성으로부터의 구원일 것이다. 지루함을 감추기 위해 그들은 이야기하고 서로 싸운다. 또 다른 커플 포조와 럭키가 불쑥 나타난다. 주인인 포조는 채찍질을 해대며 노예인 럭키를 앞으로 몰아간다. 포조는 '성스러운 구원자' 시장에 럭키를 내다팔 생각이다. 다음날도 블라디미르와 에스트라공은 나무 아래에 서 있다. 나무는 어제에 비해 잎이 많이 떨어진 상태다. 그들은 행동하지 않고, 특히 생각하지 않으려고 이야기를 계속하며 기다린다. 두 번째 날도 첫번째 날과 같은 대사, 같은 부동성으로 끝이 난다.

《놀이의 끝》(1957)에서 극 공간은 작품의 척도에 따라 축소된다. 이 작품에서 네 명의 등장 인물들은 단어의 일격으로 서로 분열된다. 작품은 아주 긴 무대 지시문으로 시작한다. "텅 빈 실내. 잿빛 조명. 무대 전면 왼쪽에는 낡은 시트가 덮여 있는 쓰레기통 두 개가 서로 맞대어 있다. 무대 중앙에는 휠체어에 낡은 천을 덮고 앉아 있는 햄." 맹인에 몸까지 마비된 햄은 하인 클로브와 끊임없이 수다를 떤다. 쓰레기통 속에는 '저주받은 그의 부모들'인 내그와 넬이 있다. 유일한 문제는 어떻게 끝장내는지를 아는 것이다. 작품의 첫 단어는 다음과 같다. "끝이야, 끝. 곧 끝날 거야. 아마 곧 끝날 거야." 그러나 죽음은 고도처럼 역시 오지 않는다. 유일한 사건은 쓰레기통 구석에서 넬이 죽는 것이다.

《오! 아름다운 날들》(1960)에서 어깨까지 모래 속에 묻힌 위니는 끊임없이 재잘거린다. 그녀는 고물 같은 추억을 되찾으려는 듯 지치지도 않고 일상의 목록(아직 그녀의 여성성의 징표——손톱 줄·립스틱·거울·빗·칫솔——를 담고 있는 손가방, 양산, 뮤직 박스)을 작성한다. 그녀에게서 멀지 않은 곳에 신음 소리로 축소된 그녀의 오랜 남자 친구 윌리가 있다. 막간이 지난 후에 관객은 위니의 얼굴밖에는 볼 수 없다. 손이 묻혀 버린 그녀는 이제 더 이상 자기 손가방도, 뮤직 박스도, 머리 바로 옆에 있는 권총도 만질 수가 없다. 결핍과 빈곤의 끝에 이르렀다고 생각할 수 있을 것이다. 아무것도 없다. 《마지막 녹음 테이프》(1960)에서 크라프는 녹음된 자기 배의 서글픈 꾸르륵 소리를 듣고 있다. 말은 어둠에서 나오고, 주제는 말을 하지 않고 말하여진다. 베케트가 《말과 음악》(1962), 《카스칸도》(1963) 같은 라디오 드라마를 썼다는 사실은 전혀 놀랄 일이 아니다. 극논리란 바로 육체의 사라짐이다.

2. 육체와 언어

베케트 작품을 상연하기 위해서 마네킹, 이상한 물건들, 극공간의 몽상적 변형 따위는 전혀 필요 없다. 여기서 극작법은 돈을 절약하는 것 이상이다. 배우의 육체는 전면에 놓이는 것만으로 충분하다. 물질주의자인 베케트는 인간을 육체에 국한시키고, 가능한 모든 수단을 다 동원해서 육체를 축소시킨다. 마비환자, 맹인, 나무 밑동 같은 남자와 여자, 환자 등으로 거의 이동이 불가능한 베케트의 인물들은 고통과 불행으로 절규한다. 전형적으로 베케트적인 무대 위 물건들은 한편으로는 대체로 인공 보정술(안경·지팡이·휠체어·망원경 등), 혹은 굴레·속박 도구(위니를 파묻은 모래, 《놀이의 끝》에 나오는 쓰레기통)에 속한다. 인공 보정술은 마비 상태나 물질로의 귀환 위협 앞에서 미약하게나마 아직도 움직임과 생명의 가능성이 남아 있음을 보여 준다. 반면 굴레나 속박 도구 등은 이미 형태가 없어진 것(노인의 육체)에 형태를 제공한다. 이같은 간결함은 시간과 공간에 대한 무대 해석을 지배하기도 한다. 《고도를 기다리며》에서는 시간이 감에 따라 나뭇잎이 떨어진다. 《놀이의 끝》의 무대 위에서는 마지막 남은 먹거리들이 고갈된다. 더 이상의 당과나 비스킷은 없다. 같은 측면에서 바다에는 더 이상 조수가 없고, 햄의 다리를 덮어 줄 담요도 없다. 《오! 아름다운 날들》에서 위니가 모래 무덤 속에 조금 더 묻히면, 조명이 어슴푸레해지고, 그렇게 지속된다. 공간은 다시 닫히고, 비워지는 것이 중요하다. 사람들은 그것을 이해했다. 베케트 연극의 유일한 주제는 언어의 불구이다. "나는 목소리가 없지만 이야기해야 한다." 이는 1951년 베케트의 시조(始祖) 소설(roman éponyme)에서 마비된 거지 몰로이의 대사이다. 연극은 이 명령에 복종한다. 침묵이 죽음과 혼돈되기 때문에 이 연극의 모든 망령난 사람들이 그렇게 하듯 단어들을 다시 모으고, 면밀하게 조사해야 한다. 또한 참을 수 없는 것을 말과 맞대어 놓아야 한다.

3. 유머와 절망

두드러진 형이상학

 이같은 재난에도 불구하고 베케트의 연극은 종종 재미있다. 텍스트는 목록, 말재롱, 혼성어 등의 형태로 말을 가지고 장난한다. 《놀이의 끝》에서 클로브는 벼룩에게 물리고, 햄은 그가 벼룩을 잡았는지 물어본다. "그런 것 같아요. 녀석이 개처럼 뉘어져 있는 게[이는 프랑스어의 coït(교미)와 coite(조용한)의 유사성에서 착안한 말장난으로, 직역의 어려움에 의한 의역] 아니라면 말이죠." 햄은 놀라서 소리를 지른다. "뉘어져! 누워 있다는 말이겠지. 벼룩이 개처럼 누워 있다고 말해야지. 아! 누워 있다고 말하는 거예요? 뉘어져 있다고 말하는 게 아니고?" 햄의 결론은 다음과 같다. "그렇지만 이봐! 그놈이 뉘어져 있다면, 우리 인간이 암캐라는 얘긴데." 이 연극은 톤을 뒤섞고, 장르를 혼합하며, 그 자체의 실패로 웃는다. 특히 노골적인 패러디로 현대성을 드러내는 것 같다. 첫번째로 겨냥된 것은 바로 연극 자체이다. 《고도를 기다리며》에 관해서 아누이는 형이상학적이고 익살스러움이 뒤섞인 작품으로, "프라텔리니 서커스단이 상연한 파스칼의 《팡세》이다"라고 했다. 베케트의 절망이 결핍에 근거하지 않은 이유는, 그가 형이상학을 끔찍이 싫어하기 때문(그래서 그의 연극은 메시지를 전하지 않는다)이 아니다. 형이상학의 일상적인 역할은 결핍을 채우는 것이다. 베케트와 같이 엄격한 물질주의적인 시각에서 존재는 대답 없는 열기와 공포에 대한 의식으로 귀착된다. 비극과 절망은 조금도 죽음과 시간 앞에 놓인 인간에 대한 성찰에 근거하지 않는다. 비극은 모든 것이 꾸준히 반복되는 공허한 세상에서 헛되고, 이해할 수 없는 기다림으로서의 삶이다. 시간은 시간 위에서 회전한다. 결코 끝낼 수 없다는 것을 선고받은 바와 같다. 게다가 아무 의미 없는 존재는 잔인하기 때문에 더욱 그러하다. 어떤 면에서 위니는 옳다. 열심히 수다를 떤 덕분에 그녀는 거의 공허함에 익숙해져 있다. 이제 아무것도 없는 상태에 잠기면서 권태를 감추고, 시간을 죽이는 일만이 남아 있다. 하찮은 일이 연극의 토대를 이룬다. 그리고 조롱·경박함·반복 등의 언어가 하찮은 일을 끊임없이 뒤섞는다. 이미 재차 말해지지 않고 남아 있는 것이 무엇이 있을까? 행복에 대한 환각마저도 후렴구 형태를 취한다. 그리고 모래에 몸이 잠겨 들어가면서도 위니는 '달콤한 시간……'을 속삭인다.

거북한 베케트

그러나 누가 허무를 되새기는 인간들의 팬터마임이 씁쓸한 웃음을 유발한다고 느끼는 것을 막을 수 있을까? 동시대 연극이 선호하는 주제들인 부조리·허무·침묵·기다림 등, 모든 멋부린 단어들이 누구와도 닮지 않은 한 극작가의 과녁이 된다. 이 작가에 관한 한 비평도 큰 역할을 할 수가 없다. 반대되고 상보적인 여러 이유들로 인해서 부르주아 비평도, 그리스도교 비평도, 좌익 비평도 제 구실을 못한다. 우선 부르주아 비평으로 말하자면 명령이 군림한다는 것과, 그 명령이 서양에서 수 세기 동안 담화의 형태를 취해 왔다는 사실이 중요하다. 아울러 세상에 대한 다른 시각도 이같은 절망에 만족할 수 없다. 휴머니즘이 생각할 수 있는 마지막 돌파구인 자살로도 이끌고 갈 수 없는 절망은 받아들일 수 없다. 베케트는 이 시대 연극에 대한 비통한 성찰에서 어떠한 영향도 받지 않았다. 축제도 인식도 아닌 그의 연극은 세상에 대한 어떤 시각을 전달하기 위해 노력조차 하지 않았다. 그는 세상에 대한 자신의 시각을 너무나 인상적인 다음과 같은 공식으로 제시했다. "그녀들은 무덤 위에서 말을 타고 해산(解産)한다." 비인간성과 광기의 가장자리에서 베케트는 인간의 고독, 혹은 오히려 개인의 위축, 자기 만족, 순응주의, 그리고 메마름 등 잔인한 양극의 사이를 넘나든다. 극소수의 사람들이 이미지를 공유하는 세계가 세기말 관객들을 기이하게 붙잡는 일이 있다. 이는 마치 셀린의 예에 비추어 베케트가 기회를 노리던 무형(無形)적인 것에 형태를 제공하고, 예고된 재난의 연대기를 미리 써놓은 듯하다.

16
연극에 대한 일격

20세기 후반의 극작품을 널리 알려진 작가들에 국한시키는 것은 옳지 않다. 인정을 덜 받고 상연이 덜 되며, 그러기에 세력이 덜 강한 아르튀르 아다모프·페르난도 아라발·아르망 가티 같은 작가들은 어느 정도 브레히트의 후계자임을 공개적으로 내세우면서 무대를 직접적으로 다시 정치화하는 데 기여했다.

1. 아다모프와 회의적 참여

센 강 좌안의 소극장 무대부터 '과격한 교외'의 극장에 이르기까지, 아다모프의 연극은 그 자신이 별로 독창적이지 않은 형이상학적 시도라고 분석했던 것과 그것과 단절하려는 시도 사이에 끼여 갈팡질팡한다. 고독과 불가능한 의사 소통이라는 주제들이 지배한 형이상학적 시도에 속하는 예로는 《패러디》(1947), 《침입》(1950), 《타란 교수》(1953) 등이 있다. 이와 단절하려는 시도는 1954년 《평풍》과 더불어 처음으로 표명되었다. 《평풍》의 주요 '등장 인물'은 플리퍼이다. 플리퍼는 찬란하고 빛나며, 냉혹하고 복잡한 현대 사회의 이미지이다. 친구 사이인 빅토르와 아르튀르는 로제 씨를 대신해 아름다운 아네트를 차지하고, 컨소시엄의 회장인 노인에게서 부족한 돈을 우려내기 위해 플리퍼 점수를 올리는 데 인생의 황금기를 다 보낸다. 컨소시엄은 인간의 노동력을 착취하면서 인간을 소외시킨 자본주의 약탈 체계를 나타낸다. 이는 자연히 실패로 끝나고(인간은 자본주의 기계에 의해 녹초가 된다), 두 친구는 결국 핑퐁놀이를 하면서 시간을 보낸다. 그들은 이 핑퐁놀이의 규칙을 계속해서 변경한다. 2년 후 《파올로 파올리》는 또 다른 형태의 앙가주망을 드러낸다. 한 나비수집가의 모험을 통해 아다모프는 1914년 전쟁을 향해 치닫고 있는 프랑스 사회를 보여 준다. 그리고 나서 아다모프의 극작법은 브레히트를 단호히 계승한다. 《1871년의 봄》(1961)에서는 공산주의 운동의 세계화와 공산주의의 고매한 비현실주의를 설명하기 위해 인형들을 이용하고, 등장 인물과 장소 변화를 늘린다. 역할들을 고착화시키는 인형은 이 계획에 놀라울 정도로 부합한다. 겉보기에 순진할 정도로 정치적인 진행 과정은 《나머지 사람들의 정치》(1962)에서도 동일하다. 이 작품에서는 흑인 노동자를 살해한 실업가 조니 브라운에 대한 날조된 재판을 보게 된다. 그렇지만 아다모프는 심리 분석 과정이나 병리학적인 경우들에 대한 검토 과정을 진정으로 피하는 데 이르지 못한다. 비록 그가 브레히트적 상연 방법(중단, 게시판 등)을 약간 세속화해서 사용한다 해도 실제로는 브레히트의 방법을 도치시킨다. 왜냐하면 그의 등장 인물들(그와 동시에 어느 정도 다시 고전적이 된)은 정치적인 것이라고는 없는 내적 강박관념에 의해 고통받아 비정상적인 사회·정치적 행동을 하기 때문이다. 아다모프 연극의 '현대성'에 대한 평판은 오히려 그의 테마들, 1950년대가 발견한 여가와 소비 사회의 몇 가지 신비한 대상들, 그리고 몇몇 젊은 연출가들에 의한 상연에서 유래한다. 빌라르의 경우 작품에 내포된 보편성을 끌어내는 방법을 택했고, 소위 교육성 앞에서 물러서지 않았다. 세로는 브레히트의 후계성을 주장했고, 시청각적인 방법(그때만 해도 아주 새로웠던)을 사용했다. 플랑숑은 텍스트를 정치적으로 해석했고, 참여 연극을 위한 사실주의 미학을 내세웠다.

2. 아라발의 환상극

프랑코 체제하에서 태어난 페르난도 아라발은 프랑코 독재의 영향을 받았다. 그가 받은 영향은 여러 해 동안 스페인이 현대적이고 발전된 유럽으로부터 격리되어 있었다는 사실에서 기인한다. 그는 일종의 고취된 삶의 형태를 만나는 유일한 방법으로 연극을 이용했다. 그는 "연극은 신성모독과 성스러운 것, 에로티시즘과 신비주의, 죽음과 삶 등의 성질을 띤 의식이자 축제이다"라고 썼다. 이는 분명 아르토에게서 바로 유래하는 것 같다. 그렇지만 아라발이 생각하는 연극은 아르토의 연극보다 훨씬 더 직접적으로 정치적이다. 서양이 해체 상태에 있고, 연극이 웃음·조롱·그랑 기뇰 등 모든 방법을 동원하여 이러한 해체를 가속화시킨다는 그의 생각은 노인들이 군을 지배하는 프랑코 통치하의 스페인에서부터 유래한다. 아라발의 연극에는 바보들과 계시를 받은 사람들, 억압받는 사람들과 남을 괴롭히는 사람들, 상당한 변태성욕자들이 등장한다. 이들의 거친 행동들과 야만적인 제스처는 해프닝의 기대 효과와 유사한 '공포'의 에너지를 만들어 낸다. 아라발 연극의 이미지들은 바로크 미학, 고야의 얼굴을 찌푸리게 하는 환상, 히에로니무스 보스 같은 화가의 기이한 작품 등을 연상시킨다. 아라발은 또한 관객을 쉽게 동화시킬 수 있는 위대하고 신비적인 인물들을 끌어낸다. 《위대한 의례》(1963)는 끔찍한 카사노바를 보여 주는데, 그는 죄 없는 희생자들을 희생시킨다. 이 연극의 가장 강렬한 힘 가운데 하나는 섹슈얼리티와 성적 변태이다. 사디즘은 이미 환기한 바 있다. 거기에 주요 인물이 고릴라인 《환희의 정원》(1967)의 주제가 되는 야수성을 덧붙일 수 있다. 검열을 피해서 충동을 자유롭게 분출시키는 글쓰기 또한 혁신적이다. 1968년 《붉고 검은 새벽》이 이에 속한다. 아라발은 자신의 극좌파적인 선택을 결코 숨기지 않았다. 그리고 장엄한 선동에 대한 취향은 조르주 라벨리나 제롬 사바리 같은 현대의 위대한 젊은 연출가들을 유혹했다.

3. 가티와 정치적 동요

1966년 프랑스 국립 극장에서 아르망 가티가 연출한 《두 개의 전기 의자 앞에서의 공적인 노래》는 하나의 사건이었다. 정치적인 논지(1927년 미국에서 두 명의 이탈리아 무정부주의자 사코와 반체티에 대한 사형 집행)에 대해서, 가티는 텍스트에 의해 그의 형식 가운데 공식적으로 고착된 연극 작품보다는 시위의 성질을 띠는 작품을 구성한다. 그의 연극은 관객을 직접적으로 행동에 끌어들이려 한다. 거기에 다다르기 위해 가티는 우선 주제를 드러내지 않는다. 주제는 점차적으로 구성되고, 소개도 설명도 없이 혼란스러운 줄거리로부터 의미를 이루는 요소들이 드러난다. 그렇지만 연대기와 극논리에 대한 의존을 고의적으로 없앰으로써(브레히트에 의해 이미 반박된 유명한 아리스토텔레스적인 '이야기') 연결의 재구성에 자유를 도입한다. 관객은 구경꾼이 아니라 진정한 참여자가 된다. 가티는 독창적인 장치를 고안했는데, 그에 관해 다음과 같이 묘사한다. "몇 가지 드문 예를 제외하고 이 작품에서 배우는 보이지 않고, 텍스트도 들리지 않는다……. 그렇다면 구체적으로 무엇이 보이는가?——객석을 복사한 듯 의자들이 일렬로 세워져 있는 무대가 보인다. 의자에 앉은 배우들은 관객들을 복사한 것이다. 배우들은 관객들과 마찬가지로 사코-반체티 사건에 관한 작품을 보러 온 사람들이다. 유일한 차이는 꾸며진 객석의 관객들은 직접 작품을 보고, 반면 진짜 객석의 관객들은 이 작품에 대한 꾸며진 관객들의 반응만을 보게 된다." 이렇게 둘로 나뉜 극공간의 이점이 무엇인지 알 수 있다. 이렇게 하는 목적은 '극 중 극'의 심미적이고 매혹적인 현기증이 아니라 비평 과정에 있다. 아마도 두 남자의 사형이라는 사건 자체보다는 이 사건에 대해 자신의 입장을 견지하려는 노력이 더 본질적일 것이다. 사코나 반체티에 관한 몇 가지 에피소드가 꾸며진 객석의 관객들에 의해 연기되어진다는 사실을 덧붙이자. 모든 장면이 전체적인 상연 계획에 의해 통일되지 않은 채 무대 위의 관객들은 나름대로 에피소드들을 연기한다.

위대한 리포터 가티는 혁명가이자 저항가로 집단수용소에 강제 수용되었다. 그는 《쥐 같은 아이, 혹은 타텐버그 수용소에서의 두번째 삶》(1962)이라는 작품에서 이 경험을 증언했다. 70년대에 가티(1924년생)는 집단 창작(《카르칸의 종족》, 1974)에 몰두했다. 자신의 신념과 앙가주망에 충실한 아르망 가티는, 문학적 변천보다는 연극이 나타내는 사회·정치 행위에 의해 더 기억되는 극작가이다. 관객과의 토론에서 어떤 것이 와닿으면, 그는 기꺼이 작품을 변경한다. 그는 문화적 소요의 도구로서 연극의 소명에 대해 대변한 몇 안 되는 작가 가운데 한 명이다.

17
또 다른 연극을 향하여

1. 모든 것은 연극이다

지난 20년간 연극이 널리 알려진 작가와 작품으로만 유지되어 온 것은 아니었다. 연극은 종종 지금까지 묘사한 것과 다른 방향을 취했다. 우선 소설처럼 애초에 상연을 위해 씌어지지 않은 작품들에 대한 각색이 이루어졌다. 알려진 배우들에 의한 단순한 낭독 차원에 머무는 경우도 있었다. 이를테면 로랑 테르치에프가 읽은 릴케의 《말테 라우리츠 브리게의 수기》, 파브리스 뤼치니가 읽은 셀린의 《밤의 끝으로의 여행》 등이다. 연극적으로 봤을 때, 이 공연들은 그다지 창의적이지 못했다. 한 명의 배우, 하나의 목소리, 그리고 어떤 텍스트에 거주할 수 있는 '하나의 존재'로 충분하다. 이런 종류의 공연이 차안에서나 운동을 하면서 배우가 녹음한 책을 듣는 습관에 의해 널리 확산되었다는 사실은 충분히 생각할 수 있다. 사람들은 목소리와 어법으로 인해 또다시 혼란을 느끼게 될 것이다. 목소리와 어법 등은 배우의 연기와 마찬가지로 책과 맺었던 개인적 관계를 변화시킨다. 예를 들어 사미 프레가 '읽은' 조르주 페렉의 《나는 회상한다》에서, 사미 프레는 무대 위에서 특정한 한 세대의 기억을 되살리는 텍스트 만화경의 페달을 밟으면서 낭송한다.

2. 연출가의 승리

1960년대 앙드레 말로가 확립한 문화의 지방화 정책 덕분에 젊은 연출가들은 무대(때때로 보잘것 없긴 하지만)를 갖게 되었다. 문화 센터나 교외 극장이 아니었다면 이들 젊은 연출가들은 능력을 표출하기 위해 오랫동안 기다려야 했을 것이다. 동시에 새로운 상연 방식을 인정하고, 높이 평가할 줄 아는 관객들이 많이 있었다. 이 관객들은 대중적인 대극단들의 좋은 공연으로 소양을 갖추고 있었다. 이제 작가뿐만 아니라 연출가의 작품을 보러 극장에 가게 되었다. 이를테면 셰로가 연출한 마리보 작품, 플랑숑의 《타르튀프》, 비테의 《파우스트》 혹은 아주 최근에는 사바리의 《서민 귀족》 등을 들 수 있다. 파트리스 셰로, 로제 플랑숑, 앙투안 비테(1990년 작고), 피터 브룩, 아리안 므누쉬킨, 다니엘 메스기쉬, 마르셀 마레샬, 제롬 사바리 등은 점차 그들이 상연한 작품을 자신들의 작품으로 만들었다. 이를 통해 교과서로서의 고전에 흥미를 느끼지 못하는 사람들이 기꺼이 '고전'을 보러 극장에 가는 현상이 설명된다.

셰로(1944년생)는 고전 작품을 현대적인 감각으로 다룬다. 역광 조명을 받은 헐벗은 무대만으로도 세상에 대한 그의 염

세주의적 시각을 알 수 있다.

플랑숑은 브레히트와 서사극, 그리고 피스카토어의 정치극으로부터 많은 영향을 받았다. 그는 등장 인물의 소속과 사회적 행동들에 관객의 주의를 집중시키는 무대를 정교하게 구성했다. 또한 주목할 만한 고전의 '갈고 닦기'에 기여했다. 그리고 스페인의 황금 시대 연극과 엘리자베스 시대 연극에 매혹되어서, 관객에게 화려한 상연에 일치하는 위대한 역사 드라마에 대한 취향을 다시 제공했다. 엄중하고, 엄격하리만큼 텍스트에 충실한 비테는 별도로 된 기호 체계로서의 '제스처의 특성'에 매우 집착한다. 그리고 '모든 이를 위한 엘리트 연극'을 원한다고 말하면서 자신의 꿈을 명백하게 표현했다.

아리안 므누쉬킨은 '태양 극단'에서 모든 사람이 참여하는 축제를 선호하여 무대와 객석, 작가·연출가와 관객 사이의 구분을 없애는 집단 연극을 도모했다. 《1789년》《1793년》《황금 시대》 등은 이런 집단 연극의 두드러지는 예이다. '태양 극단'은 두 여성의 만남을 가능케 했다. 한 사람은 연출가인 아리안 므누쉬킨이고, 다른 한 사람은 작가인 엘렌 식수이다. 엘렌 식수는 아리안 므누쉬킨을 위해 매우 독창적인 두 편의 서사시 《캄보디아 왕 노로돔 시아누크의 끔찍한 미완성 이야기》(1985)와 《엥디아드》(간디에게서 영감을 받은 작품)를 썼다.

끝으로 현대 연극계에서 '샤이오 극장'의 현 극장장인 제롬 사바리의 중요성이 커지고 있다는 사실은 주목할 만하다. 매직 서커스 출신인 사바리는 사치스럽고 열광적인 축제에 속하는 공연 가운데 팬터마임·서커스·춤·음악 등을 혼합한다. 그 덕분에 강렬하고 아주 신중한 두 편의 공연을 보게 된다. 한 편은 기 베도스가 주인공을 맡은 브레히트의 《저지할 수 있었던 아르투로 우이의 득세》이고, 다른 한 편은 존 포드의 《불행히도 그녀는 창녀였다》 등이다. 두번째 작품에서 사바리는 주요한 극원칙으로서 잔혹성을 뚜렷이 드러낸다.

3. 세계화된 '연극'

20세기말에 이르러 어떠한 서구의 연출가도 세계 도처에서 공연되는 작품을 모를 수는 없었다. 예전에 몇몇 제한된 소수의 특권으로 여겨졌던 것(클로델은 외교관이었기 때문에 극동지역의 연극을 알 수 있었고, 피스카토어와 브레히트는 망명길에 오른 덕분에 미국 연극을 접할 수 있었다)이 이제는 일상적인 일이 되었다. 수많은 중요한 공연들이 전유럽을 순회했다. 국제 극단들을 통해 아주 위대한 외국 연출가들의 양식이 프랑스에 알려졌다. 이렇게 해서 특히 줄리언 벡과 '리빙 시어터'가 알려졌다. '리빙 시어터'는 아르토에게서 영감을 받은 자유로운 육체 표현 기법과 본능적 충동을 해방시키려는 즉흥 연기를 연결시켰다. 이와 더불어서 조르조 스트렐레르와 밀라노의 '피콜로 테아트로'의 상연 기법 또한 알려졌다. 스트렐레르는 정기적으로 프랑스에서 작품을 상연했다. (1987년 '오데옹 극장'에서의 훌륭한 《희극적 환상》 등.) 그리고 대단한 셰익스피어 애호가인 연출가 피터 브룩은 오래 전부터 파리의 '북부프 극장'에 정착해 있었다. 그는 하나의 사건을 불쑥 등장시키고, 관객을 상상력으로 내몰기 위해 조건 반사에서 그들을 끌어낼 수 있었던 '성극(聖劇)'과 대중적이면서 기성 질서에 항거하는 '자연 그대로의 극' 사이에서 극 공간의 새로운 개념을 찾고자 했다.(연극에 관한 이론서 《빈 공간》, 1977)

작가는 진정 연출가에 의해 그 권위를 박탈당한 것일까? 과거 20년과 비교했을 때, 최근 20년간 이름난 극작가들의 수가 많지 않은 것은 사실이다. 그래도 극작가들은 엄연히 존재한다. 그렇지만 때때로 그들은 온갖 장르의 글을 썼거나, 그들 자신이 배우이기 때문에 거의 직업적으로 연극을 위한 글을 쓰기도 했다.

4. 여성들의 내면 연극

롤레 벨롱의 예

샤를 뒬렝에게 교육받은 위대한 여배우 롤레 벨롱은 20년 전부터 내면 연극 여러 편을 썼다. 이 연극에서는 연극 자체의 세계, 혹은 여자들 사이의 관계 탐색이라는 주제가 지배한다. 《빨리 바뀌는 무대 장치》(1978)는 무대 뒤에서 본 공연 순간을 환기하고, 배우들끼리 있는 모습을 보여 주며, 막을 내리지 않고 무대 장치를 바꾸는 것이 가능한 마술 같은 세계를 말하고 있다. 《멀어짐》(1987)은 작품이 공연될 때 작가가 느끼는 불안감을 떠올린다. 이렇게 해서 롤레 벨롱은 연극과 그 변형이 유일한 주제인 20세기 연극의 모든 면을 되살리고 있다. 그러나 여기에는 변화에 대한 어떠한 야망도 없다. 대사는 진정한 대사이고, 작품 구조는 고전적인 규칙을 따르며, 등장인물들은 신중하게나마 자신들의 존재를 부과한다. 이는 때로는 같은 세대(《목요일의 부인들》, 1976), 때로는 엄마와 딸들(《너무나 애정어린 관계에 대하여》, 1984)과 같은 여성들을 떠올리는 벨롱 작품의 존재들에서 특히 인상적이다. 《너무나 애정어린 관계에 대하여》는 벨롱의 작품 가운데 가장 알려진 작품이다. 이 작품은 독창적인 방법으로 엄마와 딸의 관계를 묘사하고 있다. 두 여배우는 같은 나이이고, 같은 옷을 입고 있다. 단지 무대 배경에서 몇 가지 세부 사항만이 변화한다. 이를테면 각 장들간의 이동을 확인시켜 주는 조명의 예를 들 수 있다. 단어들은 단순하다. 부드럽거나 공격적인 어조를 번갈아 드러내는 평범한 대화는 모든 사람의 대화인 것도 같고, 어느 누구의 대화도 아닌 것 같기도 하다. 이는 무용한 극작법에 근접한 것으로, 정확하게 현대성의 순간을 말하고 있다.

뒤라스의 작은 음악

마르그리트 뒤라스의 극작품은 일반적으로 생각하는 것보다 더 많다. 《연극 I》(1965)에 들어 있는 세 작품, 《국가 관리하에 있는 하천·호소(湖沼)·삼림》《작은 공원》《라 뮤지카》. 《연극 II》(1968)의 《쉬잔 안들레》《나무 속에서 보낸 나날들》

마르그리트 뒤라스, 《라 뮤지카 2편》

(그와 그녀는 좀전에 서로 다시 만났다. 말은 어렵게 시작된다.)

그: (일어서면서) 왜 우리는 서로 이야기를 하지 않는 거지요?

그녀: 왜 우리가 이야기를 해야 하는 거예요?

그: 그저…… 다른 할 일이 아무것도 없잖아요.

(그녀는 싫증, 쓸쓸함, 슬픔 등이 뒤섞인 듯 얼굴을 찡그린다.)

그녀: 모든 끝난 일들 가운데서 그것보다 더 끝난 건 아무것도 없어요.

그: (주저한 후에) 만일 우리가 죽었다면, 그렇지만…… 당신은 죽음까지 포함시켜서 그렇게 생각한 거예요?

(그는 미소짓는다. 그녀는 미소짓지 않는다.)

그녀: 잘 모르겠어요……. 그러나 아마도 예, 그래요. 죽음이 포함된 것 같아요.

(그는 응수하지 않는다. 침묵. 말하고 싶지 않지만 그녀는 이런 거북함에서 벗어나려고 이야기를 한다.)

그녀: 가구에 대해서 당신께 고맙게 생각해요. 생각해 봤는데요……. 가구를 갖지 않겠어요……. 가구 때문에 오히려 거북할 것 같아요……. 그렇지만 원하신다면…… (얼마간의 시간이 흐른다.) 그래도 우리가 재산을 법적으로 분할(가벼운 웃음)하는 것으로 만족해야 할 필요는 없어요.

《아마도 예스》《르 샤가》《한 남자가 나를 보러 왔다》,《연극 III》(1984)의 《정글 속 짐승》《아스펀의 기록》《죽음의 춤》. 이 작품들 외에도 《영국 애인》(1968),《그녀는 말했다, 파괴하라고》(연극과 영화, 1969),《인도의 노래》(희곡·연극·영화, 1974),《에덴 시네마》(1977),《사바나 베이》(1982), 그리고 《라 뮤지카 2편》 등이 있다.

마르그리트 뒤라스가 연극에서 선호한 주제는 그녀의 소설이나 영화의 주제와 다르지 않다. 구조적 지주가 어떤 것이든 간에 욕망·정열·기억·이상한 망각 능력 등, 자신의 창조적 강박관념을 탐색하기 위해 작가는 언제나 언어에 의지한다. 인도차이나 시절의 자전적인 작품들로부터 《에덴 시네마》의 1930년대 인도차이나라는 배경이 유래한다. 에덴은 뒤라스의 어머니가 생계를 꾸리고, 국유지를 불하받기 위해 10년간 피아노 연주를 한 무성 영화관 이름이다. 제목만으로도 뒤라스의 극세계를 특징짓는 시가 펼쳐진다. 환각의 장소이자 세계를 스크린의 매혹적인 평면으로 축소시키는 영화관은 에덴과 같다. 극의 독창성은 과거와 현재, 대사와 서술적 휴지가 뒤섞인 대화 가운데서 시제가 뒤얽히는 것으로부터 유래한다. 도처에 존재하고, 지르는 듯한 음악은 감미롭고도 씁쓸한 슬픔, 잃어버려 더 이상 되찾을 수 없는 것들에 대한 향수 등을 연장시켜 준다. 극미학은 여기서 더욱 내밀하다. 그렇다고 해서 상연 기법을 방해할 정도는 아니다. 이 작품에서 상연 기법은 신중하긴 하지만 관객에 대한 유혹과 매혹 효과의 유발을 겨냥한다.

　등장 인물들을 묘사하는 긴 무대 지시문에 주어진 정보와 《라 뮈지카 2편》의 무대 배경이 이에 관해 증명해 준다. 《라 뮈지카 2편》은 1985년 파리에서 미유미유와 사미 프레의 공연으로 대단한 성공을 거두었고, 10년 후에는 파니 아르당과 니엘 아레스트럽 주연으로 다시 공연되었다. 등장 인물에 관한 묘사에서 이미 소설 한 편이 가능하다. 안 마리 로슈에 대해서 뒤라스는 다음과 같이 지시한다. "사람들이 안에게 가르쳐 준 대로 보여지는 것은 아무것도 없다. 하지만 모든 것은 돌이킬 수 없는 삶의 패배감에서 비롯한 무수한 작은 빛들 가운데 있다." 그리고 '그'인 미셸 놀레를 위해서는 "자신이 모르는 동시에 잘 알고 있는(어떤 무기나 그 역사를 알고 있을 방법으로) 아름다움을 갖춘 상당히 잘생긴 사람이다. 알기 어려운 사람이 아니라 알 수 없는 사람이다"라고 묘사한다. 이 정보는 모방되거나 재현될 필요는 없다. 그렇지만 배우들은 모든 연기를 통해 이런 근거들이 느껴지도록 그것을 절대적으로 통합해야 한다. 그런데 배우의 연기는 때때로 침묵이 한계에 이르러 숨이 막히고 사라져 버릴 것이다. 장면은 어떤 호텔에서 벌어진다. 뒤라스는 관객을 바로 이 호텔의 홀에 자리 잡게 한다. 물건과 분위기는 정확히 묘사된다. 뒤라스의 무대 지시문은 이미 카메라에 의해 포착된 것 같은 하나의 이미지를 만들어 낸다. 줄거리는 존재하지 않는다. "이들은 서로 사랑했고, 이별했던 사람들이다." 뒤라스는 모방할 수 없는 음악으로 이 아무것도 아닌 것을 엄청난 공연으로 만들었다.

5. 콜테스의 세계

베르나르 마리 콜테스(1948-96)의 작품은 파트리스 셰로가 선택한 상연 기법과 매우 긴밀하게 연결되어 있다. 파트리스 셰로가 소중히 여긴 헐벗은 무대와 추상적인 원근화법이 밤의 연극, 간결하고 고전적인 글쓰기와 놀라울 만큼 어울린다. 첫번째 작품 《흑인과 개들의 투쟁》(1983)으로부터 최근 대단한 성공을 거둔 작품 《목화밭의 고독 가운데》(1986)를 거쳐 《사막으로의 귀환》(1988)에 이르기까지 하나의 여정이 그려진다. 콜테스의 연극은 두 가지 유혹 가운데서 방황한다. 첫째는 전형화되고 동일화할 수 있는 상황, 등장 인물들과 더불어 실제 세계에 자리잡은 작품들의 유혹이다. 그리고 두번째는 시간과 공간 속에 훨씬 더 막연하게 기입된 작품들에 대한 유혹이다. 두번째 작품들의 경우 음울한 소설이나 영화 같은 장르의 전형을 되찾으면서 현대 사회에서 소외된 사람들, 막연하기 때문에 불안감을 조성하는 황폐한 장소, 우리 시대에 인간성을 상실한 교외의 전형적인 풍경 가운데서 지나치는 소외 계층 사이의 갈등을 묘사한다. 첫번째 작품들에는 《흑인과 개들의 전쟁》과 《사막으로의 귀환》이 속하고, 두번째 작품들에는 《서쪽 방파제》와 《목화밭의 고독 가운데》가 속한다. 《서쪽 방파제》는 장 주네의 소설을 연상케 하는 분위기로 항구 도시에서의 자살을 환기시킨다. 《목화밭의 고독 가운데》는 딜러와 손님 사이의 대화로 나타난다. 거친 에로티시즘이 관통하는 텍스트는 현대성에 대한 형이상학적 문제들 또한 제기한다. 콜테스가 주네의 세계를 환기시키는 것은 비단 주제뿐만이 아니다. 그들은 동성 연애를 포함한 모든 형태의 소외에 매혹되었다. 또한 고전주의와 매우 시적인 언어의 아름다움, 그리고 사회 조건을 적당한 선동 효과의 동인으로 여기는 사람들 사이의 연마된 차이에 의해 연극에 이끌린다.

6. 또 다른 작가들

일상에 대한 취향

사람들은 가까이 있는 것을 가장 잘 알지 못하는 경향이 있다. 이로 인해 세기말 연극의 주요 주제를 묘사하는 일은 항상 난해하다. 그렇다 할지라도 현대 연극의 주요 주제가 모든 형태의 부차성과 소외에 대한 특별한 관심이라는 사실이 틀린 것 같지는 않다. 이렇게 함으로써 연극은 진정한 곤경에 대한 분석과 받아들일 수 없는 것에 대한 고발과 같은 첫번째 비평 기능으로 되돌아간다. 한편 부차성과 소외에 대한 특별한 관심은 모든 형태의 노출된 위협과도 결부되고, 이로 인해 이번에는 연극이 형이상학적인 참여의 형태, 그리고 비극의 귀환에 대한 뚜렷한 의식으로 되돌아간다. 다른 면으로 결국 너무나 신중하고, 극단적으로 미묘한 사물의 정숙함이나 감정 덕분에 최근 25년간의 연극은 모든 내적인 면에서 가장 산만하고 뒤처진 것을 가지고 사건과 예술을 만드는 데 집착하는 것 같다. 이를테면 가장 평범한 상황들이다. 이는 모든 특별함의 아래에서, 가장 일상적이고 생생한 인간 관계가 있는 그대로 포착된 상황으로 여겨질 법하다. 달리 말하면 동시에 화려하고 몽환적이고 열광적이며 혁명적인 연극의 아름다운 날들은 끝난 것 같다.

비나베와 그룹베르의 세계

끝으로 각기 다른 이유로 관객의 시선을 끌었던 두 연극 세계를 보게 될 것이다. 바로 미셸 비나베와 배우 장 클로드 그룸베르의 연극 세계이다. 다국적 기업 경영 경력이 있는 사업계 출신 미셸 비나베는 자신이 잘 알고 있는 환경을 무대에 올린다. 그러나 그는 무대의 사실주의에 대해서는 어떠한 배려도 하지 않는다. 경제적인 상황이나 메커니즘 등은 완전히 사실적이지만, 그에 관한 상연은 우의적이고 거의 신화적이다. 《가장자리를 넘어서》(1972)가 이런 경우이다. 이 작품의 주제는 두 회사 사이의 가차없는 싸움과 효과적인 마케팅 전략 덕분에 한 회사가 성공을 거두는 것이다. 줄거리는 분명 아주 현대적이다. 그러나 경쟁 체계를 이해하는 방법은 스칸디나비아의 신화에서 차용된다. 학자들과 고전 문화의 상징이나 이미지를 가진 이들 편에서 회사 중역들과 그들의 횡설수설에 대한 풍자가 가해진다.

배우인 장 클로드 그룸베르는 1973년 《드레퓌스》 덕분에 처음으로 성공을 거두었다. 그리고는 집단 창작인 《전시회에서 돌아오면서》(1975), 《아틀리에》(1979), 《바빌론 아래에 선 인디언》(1985) 등을 통해 알려진 작가가 되었다. 이 연극이 주목을 받은 것은 주제의 독창성과 현대성(《바빌론 아래에 선 인디언》은 문화계가 정부 보조를 받은 이래 국가를 상대로 싸우고 있는 한 창작가의 서사적이고 익살스러운 무훈시이다)에 의해

서였다.

  최종적으로 다음과 같이 결론 내릴 수 있다. 공연의 모든 면에서 놀라운 성찰력과 혁신적인 힘을 발휘한 후에, 그리고 연극으로 하여금 사회 조직을 재구성하고, 세상에 의미를 부여하거나 혹은 무의미에 대해 설명하게 한 후에 20세기말은 무대에 대해 좀더 겸손한 기대를 거는 것 같다. 앞지르지도 미리 개념화하지도 않고 더 이상 전복이라고 여겨질 수 없을 만큼 신속하고 많은 변화들을.

어휘 사전

구성주의 Constructivisme: 1920년대를 지배한 예술 양식. 감정·심미학·장식적인 것 등을 거부하고, 장식 없는 선과 기능성을 선호한다.

잔혹성 Cruauté: 아르토의 극이론에서 잔혹성은 역동적인 삶의 표현이다. 이는 모든 갈등을 격화시키고 시동을 건다.

다다 Dada: 1914년 전쟁초에 시작된 문학·예술의 움직임으로 무정부주의적인 청산의 절망적인 의지에서 모든 서구의 가치와 예술의 파괴를 설파했다.

교육적 작품 Didactique: 전통적으로 교육하는 것을 목적으로 하는 모든 것을 지칭한다. 브레히트적인 어의에서는 엄밀히 작가의 후기 연극 작품을 말한다.

무대 지시문 Didascalie: 극텍스트에서 배우들이 말하게 되는, 텍스트 내용에 속하지 않는 모든 것을 일컫는다. 이를테면 장소, 시대, 연기, 톤의 지시 등이 이에 속한다.

소외 효과 Distanciation: 브레히트에게서 차용된 용어. 소외 효과는 배우나 연출가가 관객으로 하여금 무대 위에서 보여지는 것에 놀라게 하고, 동화 연기를 받아들이는 대신에 거리를 취하도록 하는 것이다.

극작법 Dramaturgie: 극작품과 극의 공연 구성 원칙과 규칙들에 관해 숙고하는 학문

명조(名祖) Éponyme: 작품에 이름을 제공하는 것. 이를테면 《키나》의 주인공은 키나이다.

표현주의 Expressionnisme: 20세기초의 예술 운동으로 특히 독일에서 위세를 떨쳤다. 표현주의는 사실주의적인 서술과 단절하고, 대신 환영을 보는 듯하고 고뇌하는 의식 상태를 환기한다.

제스투스 Gestus: 특정한 태도를 지칭하기 위해 독일 심미학에서 사용된 용어. 브레히트가 사회적이고 상대적인 양상 가운데서 배우의 제스처를 묘사하기 위해 이 용어를 다시 사용한다.

해프닝 Happening: 즉흥적이거나 자발적인 상연 형태로 어떤 이야기를 하려 하지도, 사건이나 등장 인물들을 재현하려 하지도 않는다. 또한 해프닝은 유일하고 반복할 수 없는 사건을 실현하려는 단 하나의 목적만을 갖

고서 음악·무용·조명 등을 뒤섞는다. 해프닝은 관객을 극에 참여시킨다.

로고스 Logos: 그리스어로 담화를 의미한다. 일반적으로 서구에서 담화가 전제하는 질서와 논리를 지칭하기 위해 사용된다.

자연주의 Naturalisme: 19세기말의 문학 운동으로 현실에 대한 모방적 재현의 필요성뿐만 아니라 현실에 대한 과학적 탐구의 필요성을 주장하면서 사실주의를 확장시킴.

존재론적인 Ontologique: 존재(실체)에 관한 것을 지칭한다.

주인공(주역) Protagoniste: 애초에 아이스킬로스의 연극에서 무대 위에서 연기하고 합창단과 대화를 나누는 유일한 배우를 일컬었다. 곧이어 아이스킬로스는 조연(두번째 등장 인물)을 만들어 낸다. 확장된 의미로는 주역 단 한 사람을 일컫는다.

사이코드라마 Psychodrame: 몇몇 사람들에게 어떤 명령에 기초하여 즉흥적으로 만든 시나리오를 연기하게 하면서 내적인 갈등을 분석하게 하려는 심리적·정신분석적 연구 기법.

진실주의 Vérisme: 자연주의에서 파생한 이탈리아 문학 학파. 진실주의는 사회적 문제들과 현실의 사소한 국면을 강조한다. 확장된 의미로는 민중의 현실에 대한 세밀하고 과도한 재현 의지를 뜻한다.

참고 문헌

• 인용 문헌

A. ARTAUD, *Le Théâtre et son double*, Gallimard, 1964.

ARISTOTE, *La Poétique*, texte établi et traduit par J. Hardy, Paris, Les Belles-Lettres, 1969.

B. BRECHT, *Écrits sur le théâtre*, Paris, L'Arche, 1963.

P. CLAUDEL, *Mes idées sur le théâtre*, Gallimard, coll. Pratique du théâtre, 1966.

V. HUGO, *Préface de Cromwell*, Œuvres complètes, tome III, Club français du livre, 1967.

E. IONESCO, *Notes et contre-notes*, Gallimard, coll. Pratique du théâtre, 1962.

V. MEYERHOLD, *Le Théâtre théâtral*, traduction et présentation de N. GOURFINKEL, Gallimard, 1963.

NIETZSCHE, *La Naissance de la tragédie*, texte traduit par G. Bianquis, Paris, Gallimard, 1949.

E. PISCATOR, *Le Théâtre politique*, L'Arche, 1962.

• 참고 문헌

D. BABLET, *Le Décor de théâtre, de 1870 à 1914*, Paris, CNRS, 1965.

E. G. CRAIG, *Le Théâtre en marche*, traduction de Maurice Beerblock, Paris, Gallimard, 1964.

J. DERRIDA, *L'Écriture et la différence*, Paris, Le Seuil, 1967.

B. DORT, *Lecture de Brecht*, Paris, Le Seuil, 1960.

B. DORT, *Théâtre public*, Paris, Le Seuil, 1967.

J. DUVIGNAUD, *Sociologie du théâtre*, Essai sur les ombres collectives, Paris, P.U.F, 1965.

H. GOUHIER, *L'Essence du théâtre*, Paris, Aubier-Montaigne, 1968.

A. UBERSFELD, *Lire le théâtre*, Éditions sociales, 1977 ; *L'École du spectateur, Lire le théâtre* 2, Éditions sociales, 1981 ; *L'Espace théâtral*, Paris, CNDP, 1979(en collaboration avec G. Banu).

색 인

《1789년》 147
《1793년》 147
《1871년의 봄 Le Printemps 71》 140
《가장자리를 넘어서 Par-dessus bord》 156
가티 Gatti, A. 109,139,142,143,144
간디 Gandhi, M. K. 147
강스 Gance, A. 95
《건축가 솔네스 Solness le Constructeur》 48
《고도를 기다리며 En attendant》 108, 131,134,135
고야 Goya, F. J. de 142
《관리인 The Caretaker》 109
《교환 L'Échange》 55,56
《국가 관리하에 있는 하천·호소(湖沼)·삼림 Les Eaux et forêts》 150
《그녀는 말했다, 파괴하라고 Détruire, dit-elle》 151
그로토프스키 Grotowski, J. 94
그룸베르 Grumberg, J. C. 156
《글쓰기와 차이 L'Écriture et la différence》 94
《나는 회상한다 Je me souviens》 145
《나닌 혹은 극복된 편견 Nanine, ou le Préjugé》 27
《나머지 사람들의 정치 La Politique des restes》 140
《나무 속에서 보낸 나날들 Des Journées entières dans les arbres》 150
《나폴레옹 Napoléon》 95
《너무나 애정어린 관계에 대하여 De si tendres liens》 150
《노트와 반노트 Notes et contre notes》 124
《논리학 Logiques》 99
놀레 Nollet, M. 153
《놀이의 끝 Fin de partie》 132,134,135
《누가 버지니아 울프를 두려워하랴? Who's Afraid of Virginia Woolf?》 109
니체 Nietzsche, F. 39,40,41,45,103
《다른 단어를 위한 단어 Un mot pour un autre》 119,120,121
《단어와 사물 Les Mots et les choses》 128
《당신의 말을 끝내시오! Finissez vos phrases!》 119
《대머리 여가수 La Cantatrice chauve》 108,123,124,126
《대화-신포니에타 Conversation-sinfonietta》 120
데리다 Derrida, J. 94,105
《도시 La Ville》 55
《동사의 시제 Les Temps du verbe》 120,122
《두 개의 전기 의자 앞에서의 공개적인 노래 Chant public devant deux chaises électriques》 142
뒤라스 Duras, M. 150,151,152,153
뒤비야르 Dubillard, R. 109
뒬랭 Dullin, Charles 63,95,149
드라이어 Dreyer, C. T. 95
《드레퓌스 Dreyfus》 156
디드로 Diderot, D. 9

디오니소스 Dionysos   39,40,42
《라 뮤지카 2편 La Musica deuxième》 151,152
라벨리 Lavelli, J.   94,108,142
랑 Lang, F.   95
랭보 Rimbaud, J. -N. -A.   60
《로렌차초 Lorenzaccio》   33,35
로슈 Roche, A. -M.   152
《루크레치아 보르자 Lucrezia Borgia》   33
뤼녜 포 Lugné-Poe, A. -F. -M.   46,47,48,55,95
뤼치니 Lucchini, F.   145
《르 샤가 Le Shaga》   151
《리어 왕 King Lear》   78
《릴리옴 Liliom》   95
릴케 Rilke, R. M.   145
《마라/사드 Marat/Sade》   109
마레샬 Maréchal, M.   146
마리보 Marivaux, P. C.   146
《마리안의 변덕 Les Caprices de Marianne》   35
《수태고지(受胎告知) L'Annonce faite à Marie》   55
마이아코프스키 Maïakovski   74
《마지막 녹음 테이프 La dernière bande》   133
《막베트 Macbett》   123
《말과 음악 Paroles et musique》   133
말라르메 Mallarmé, S.   44,46
말로 Malraux, A.   113,146
《말테 라우리츠 브리게의 수기 Die Aufzeichnungen des Malte Laurids Brigge》   145
《말하기의 의미 Ce que parler veut dire》   120
《멀어짐 L'Éloignement》   149
《메리 튜더 Mary Tudor》   33
메스기쉬 Mesguich, D.   146
메이에르홀트 Meyerhold, V. Y.   11,74,75,94
메테를링크 Meaterlink, M.   46,48
《명예의 쾌락 La Volupté de l'honneur》   70
《목요일의 부인들 Les Dames du jeudi》   150
《목화밭의 고독 가운데 Dans la Solitude des champs de coton》   154
몰리에르 Molière   10,20
몽테를랑 Montherlant, H. -M. -J. -M. de   107
《무보수 살인자 Tueur sans gages》   128
《무엇에 관한 일인가? De quoi s'agit-il?》   120
《무용한 단어들 Les Mots inutiles》   120,121
《무인 지대 No Man's Land》   109
뮈세 Musset, L. -C. -A. de   32,33,35,36
므누쉬킨 Mnouchkine, A.   146,147
미유미유 Miou-Miou   152
밀러 Miller, A.   78
바그너 Wagner, W. R.   44
《바다 대위 Capitaine Bada》   108
《바다의 여인 La Dame de la mer》   48
바로 Barrault, J. -L.   55,63
《바빌론 아래에 선 인디언 L'Indien sous Babylone》   156
《바알 신 Baal》   81
바이스 Weiss, P.   109
반체티 Vanzetti, B.   143,144
《밤의 끝으로의 여행 Voyage au bout de la nuit》   145
《밤의 북소리 Tambours dans la nuit》   81
《벚꽃 동산 La Cerisaie》   38
베도스 Bedos, G.   148
베자르 Béjart, M.   94
베케트 Beckett, S. B.   34,35,108,131,133,

134,135,136,137
벡 Beck, Julian   148
벨롱 Bellon, L.   149,150
보나르 Bonnard, P.   47
보마르셰 Beaumarchais, P. -A. C. de   32
보스 Bosch, H.   142
보티에 Vauthier, J.   108
볼테르 Voltaire   27
《불행히도 그녀는 창녀였다 Tis Pity She's Whore》   148
《붉고 검은 새벽 L'Aurore rouge et noire》   142
뷔네 Bühne, F.   38
뷔야르 Vuillard, J. -É.   47
브랜도 Brando, M.   78
브레히트 Brecht, B.   11,17,34,62,64,69,76, 77,79,80,81,82,83,84,85,86,87,88,89,90,91,93, 94,104,105,107,139,140,141,143,147,148
브룩 Brook, P.   94,108,113,146,148
블랭 Blin, R.   108,113
비나베 Vinaver, M.   156
《비단 구두 Le Soulier de satin》   55, 57,59,
비테 Vitez, A.   146,147
비트락 Vitrac, R.   95,96,97
《빅토르 혹은 힘을 가진 아이들 Victor ou Les Enfants au pouvoir》   96,97
《빈 공간 L'Espace vide》   149
빌라르 Vilar, J.   63,109,141
《빨리 바뀌는 무대 장치 Changement à vue》   149
사드 Sade, M. de   97
《사랑의 신비 Les Mystères de l'amour》   96
사르트르 Sartre, J. -P.   78,107
《사막으로의 귀환 Retour au désert》   154

《사바나 베이 Savannah Bay》   151
사바리 Savary, J.   142,146,147,148
사코 Sacco, N.   143,144
《살인놀이 Jeux de massacre》   123
《서민 귀족 Le Bourgeois Gentil homme》   146
《서쪽 방파제 Quai Ouest》   154
《성녀 조앤 Saint Joan》   78
세로 Serreau, J. -M.   108,141
셀린 Céline, L. -F.   137,145
셰로 Chéreau, P.   146,153
셰익스피어 Shakespeare, W.   35,52, 78,148
셸리 Shelley, P. B.   98
소크라테스 Socrates   41,123
소포클레스 Sophocles   28,45
솔레르스 Sollers, P.   99
쇼 Shaw, G. -B.   78
쇼세 Nivelle de la Chaussée   27
《수업 La Leçon》   124,125,126
《쉬잔 안들레 Suzanne Andler》   150
스덴 Sedaine, M. -J.   27
스타니슬라프스키 Stanislavsky, K. S.   38,63,64,65
스탕달 Stendhal   32,98
스트렐레르 Strehler, G.   108,148
스트리치 Stritch, E.   78
스트린드베리 Strindberg, J. A.   47
《시학 La Poétique》   15,16,20
식수 Cixous, H.   147
《실내 연극 Théâtre de Chambre》   119
아누이 Anouilh, J.   97,135
아다모프 Adamov, A.   108,139,140,141
아라발 Arrabal, F.   109,139,141,142
아레스트럽 Arestrup, N.   152
아롱 Aron, R.   95
아르당 Ardant, F.   152
아르토 Artaud, A.   11,40,41,62,69,93,94, 95,96,97,98,99,100,101,102,103,104,105,107,

113,141,148
아리스토텔레스 Aristoteles 11,15,16,19, 23,28,32,42,86,88,93,143
《아마도 예스 Yes peut-être》 151
《아메데 혹은 어떻게 그것을 제거할 것인가? Amédée ou Comment s'en débarrasser》 127
《아버지의 검 Le Sabre de mon père》 96
《아스펀의 기록 Les Papiers d'Aspern》 151
《아시밀 방법 Méthode Assimil》 124
아이스킬로스 Aeschylos 45
《아틀리에 L'Atelier》 156
아폴론 Apollon 39,40
아피아 Appia, A. 63,66,67
앙투안 Antoine, A. 38,63,64,146
야신 Yacine, K. 109
《어느 수녀를 위한 진혼 미사 Requiem for a Nun》 78
《어머니들의 학교 L'École des Mères》 27
《억척어멈과 그 아이들 Mutter Courage und ihre Kinder》 85,89
《엄중한 감시 Haute Surveillance》 108
《에덴 시네마 L'Éden-Cinéma》 151,152
에슬린 Esslin, M. 123
에우리피데스 Euripides 41
에이젠슈테인 Eisenstein, S. M. 74
《엔리코 4세 Enrico IV》 70
《엥디아드 L'Indiade》 147
《여 가정교사 La Gouvernante》 27
《역할놀이 Le Jeu des rôes》 70
《연극 I théâtre I》 150
《연극 II théâtre II》 150
《연극 III théâtre III》 151
《연극 스케치 Crayonné au théâtre》 44
《연극과 그 분신 Le Théâtre et son Double》 93,97,98,99
《연극에서의 자연주의 Le naturalisme au théâtre》 39
《연극을 위한 작은 지침서 Kleines Organon für das Theater》 86
《연기해야 할 시 Poèmes à jouer》 119
《연인 L'Amant》 109
《영국 애인 L'Amante anglaise》 151
《오! 아름다운 날들 Oh! les beaux jours》 132,134
《오늘 저녁 즉흥극을 만들다 Ce soir on improvise》 70
오디베르티 Audiberti, J. 108
오발디아 Obaldia, R. de 109,111,112,118
오이디푸스 Oedipus 28
《오페라 마하고니에 관한 주의 Remarques sur l'opéra Mahagonny》 87
올비 Albee, E. 109
《왕이 죽어가다 Le Roi se meurt》 123,127
《우리 삶의 A, B, C L'A. B. C. de notre vie》 122
울프 Woolf, V. 65
웨인가르텐 Weingarten, R. 109
위고 Hugo, V. -M. 32,34,35
《위대한 의례 Le grand Cérémonial》 142
《위뷔 왕 Ubu roi》 47,51,52
윌리엄스 Williams, T. 78
《유령 Les Revenants》 48
《의자 Les Chaises》 126,128
《이야기하기가 의미하는 것 Ce que parler veut dire》 122
이오네스코 Ionesco, E. 34,96,108,111, 119,123,124,126,128,129,131
《인도의 노래 India Song》 151
입센 Ibsen, H. J. 47,48

자리 Jarry, A.   11,35,43,47,52,53,54,61,62, 70,95,96,112
《자크 혹은 굴종
   Jacques ou la soumission》   126,127
《작은 공원 Le Square》   150
《잔 다르크의 열정
   La Passion de Jeanne d'Arc》   95
《잠 없는 도시 La Cité sans sommeil》
   119
《장난으로 사랑을 하지 마오
   On ne badine pas avec l'amour》   35
《저것처럼 Comme si(ou comme ça)》
   70
《저지할 수 있었던 아르투로 우이의 득세
   Der Aufhaltsame Aufstieg des Arturo Ui》   88,148
《전시회에서 돌아오면서
   En r'venant de l'Expo》   156
《전철의 여인들 Les Amants du métro》
   122
《정글 속 짐승 La Bête dans la jungle》
   151
《정오의 극점 Partage de Midi》   55,57
제스투스 gestus   90,100
조이스 Joyce, J. A. A.   86
졸라 Zola, É. -É. -C. -A.   37,38,63
주네 Genet, J.   21,108,112,113,115,116,154
주베 Jouvet, L.   20,62,63,113
《죽음의 춤 La Danse de mort》   151
《쥐 같은 아이, 혹은 타텐버그 수용소에서의 두번째 삶 L'Enfant-rat ou la deuxième existence du camp de Tatenberg》   144
지로두 Giraudoux, H. -J.   107
《첸치가(家) Les Cenci》   98
《침입 L'Invasion》   108,139
《카르칸의 종족 La Tribu de Carcane》
   144
카뮈 Camus, A.   107

《카스칸도 Cascando》   133
《캄보디아 왕 노로돔 시아누크의 끔찍한 미완성 이야기 L'Histoire terrible mais inachevée de Norodom Sihanouk roi du Cambodge》   147
《코뿔소 Le Rhinocéros》   127,129
코포 Copeau. J.   55,63,64
콕토 Cocteau, J.   107
콜테스 Koltès, B. -M.   153,154
《콰-콰 Quoat-Quoat》   108
《크고 작은 책략
   La grande et la petite manoeuvre》
   108
크레이그 Craig, E. G.   63,65,66,94
《크롬웰 Cromwell》   33,34
클로델 Claudel, P. -L. -C. -M.   11,34, 35,41,43,54,55,57,59,60,61,148
《타라휴마라의 나라로의 여행
   Voyage au pays des Tarahumaras》
   98
《타란 교수 Le Professeur Taranne》   139
타르디외 Tardieu, J.   109,111,112,119, 121,122
《타르튀프 Tartuffe》   20,146
테르치에프 Terzieff, L.   145
《트라팔가의 일격 Le Coup de Trafalgar》
   96
《파리떼 Les Mouches》   78
파스칼 Pascal, B.   135
《파올로 파올리 Paolo Paoli》   140
파프스트 Pabst, G. W.   95
《팡세 Pensées》   135
《패러디 La Parodie》   108,139
《페르 귄트 Peer Gynt》   48
《펠레아스와 멜리장드
   Pelléas et Mélisande》   46
《파우스트 Faust》   146
패서스 Passos, J. D.   86
페렉 Pérec, G.   145

포드 Ford, J. 148
포르 Fort, P. 47
푸코 Foucault, M. P. 128
프레 Frey, S. 145,152
《프로방스에서의 하룻밤, 혹은 단어와 외침 Une Soirée en Provence ou le Mot et le cri》 119,122
프로이트 Freud, S. 115,118
플랑숑 Planchon, R. 20,141,146,147
피란델로 Pirandello, L. 21,62,69,70,71,73
피스카토어 Piscator, E. 11,76,77,85,147,148
핀터 Pinter, H. 109
《핑퐁 Le Ping-pong》 139

《하녀들 Les Bonnes》 108,113,114
하우프트만 Hauptman, G. J. R. 47
하인리히 4세 Heinrich IV 71
《학식 없는 철학자 Le Philosophe sans le savoir》 27
《한 남자가 나를 보러 왔다 Un Homme est venu me voir》 151
《햄릿 Hamlet》 65
《환희의 정원 Jardin des délices》 142
《황금 시대 L'Âge d'or》 147
《흑인과 개들의 투쟁 Combat de nègre et de chiens》 154
《희극적 환상 Illusion comique》 148

홍지화
1967년 부산 출생. 부산대학교 불문과 졸업
동대학원 불문학 박사(현대극 전공)
파리3대학 박사과정 수료
부산대 강사 역임
현 동아대, 방송통신대 강사
학위 논문: 〈알프레드 자리 작품과 유아성〉

현대신서 92

현대연극미학

초판발행 : 2001년 9월 15일

지은이 : 마리-안 샤르보니에
옮긴이 : 홍지화
펴낸이 : 辛成大
펴낸곳 : 東文選

제10-64호, 78. 12. 16 등록
110-300 서울 종로구 관훈동 74
전화 : 737-2795
팩스 : 723-4518

편집설계: 韓智硯・李姃旻・李惠允・劉泫兒

ISBN 89-8038-196-4 04680
ISBN 89-8038-050-3 (현대신서)

【東文選 現代新書】 ★ 관련 도서

1 21세기를 위한 새로운 엘리트	FORESEEN 연구소 / 김경현	7,000원
2 의지, 의무, 자유 — 주제별 논술	L. 밀러 / 이대희	6,000원
3 사유의 패배	A. 핑켈크로트 / 주태환	7,000원
4 문학이론	J. 컬러 / 이은경·임옥희	7,000원
5 불교란 무엇인가	D. 키언 / 고길환	6,000원
6 유대교란 무엇인가	N. 솔로몬 / 최창모	6,000원
7 20세기 프랑스철학	E. 매슈스 / 김종갑	8,000원
8 강의에 대한 강의	P. 부르디외 / 현택수	6,000원
9 텔레비전에 대하여	P. 부르디외 / 현택수	7,000원
10 고고학이란 무엇인가	P. 반 / 박범수	근간
11 우리는 무엇을 아는가	T. 나겔 / 오영미	5,000원
12 에쁘롱 — 니체의 문제들	J. 데리다 / 김다은	7,000원
13 히스테리 사례분석	S. 프로이트 / 태혜숙	7,000원
14 사랑의 지혜	A. 핑켈크로트 / 권유현	6,000원
15 일반미학	R. 카이와 / 이경자	6,000원
16 본다는 것의 의미	J. 버거 / 박범수	10,000원
17 일본영화사	M. 테시에 / 최은미	7,000원
18 청소년을 위한 철학교실	A. 자카르 / 장혜영	7,000원
19 미술사학 입문	M. 포인턴 / 박범수	8,000원
20 클래식	M. 비어드·J. 헨더슨 / 박범수	6,000원
21 정치란 무엇인가	K. 미노그 / 이정철	6,000원
22 이미지의 폭력	O. 몽젱 / 이은민	8,000원
23 청소년을 위한 경제학교실	J. C. 드루엥 / 조은미	6,000원
24 순진함의 유혹 [메디시스賞 수상작]	P. 브뤼크네르 / 김웅권	9,000원
25 청소년을 위한 이야기 경제학	A. 푸르상 / 이은민	8,000원
26 부르디외 사회학 입문	P. 보네위츠 / 문경자	7,000원
27 돈은 하늘에서 떨어지지 않는다	K. 아른트 / 유영미	6,000원
28 상상력의 세계사	R. 보이아 / 김웅권	9,000원
29 지식을 교환하는 새로운 기술	A. 벵토릴라 外 / 김혜경	6,000원
30 니체 읽기	R. 비어즈워스 / 김웅권	6,000원
31 노동, 교환, 기술 — 주제별 논술	B. 데코사 / 신은영	6,000원
32 미국만들기	R. 로티 / 임옥희	근간
★33 연극의 이해	A. 쿠프리 / 장혜영	8,000원
★34 라틴문학의 이해	J. 가야르 / 김교신	8,000원
35 여성적 가치의 선택	FORESEEN연구소 / 문신원	7,000원
36 동양과 서양 사이	L. 이리가라이 / 이은민	7,000원
37 영화와 문학	R. 리처드슨 / 이형식	8,000원
38 분류하기의 유혹 — 생각하기와 조직하기	G. 비뇨 / 임기대	7,000원
39 사실주의 문학의 이해	G. 라루 / 조성애	8,000원
40 윤리학 — 악에 대한 의식에 관하여	A. 바디우 / 이종영	근간
41 武士道란 무엇인가	新渡戶稻造 / 심우성	근간

42 진보의 미래	D. 르쿠르 / 김영선	근간
43 중세에 살기	J. 르 고프 外 / 최애리	8,000원
44 쾌락의 횡포 · 상	J. C. 기유보 / 김웅권	10,000원
45 쾌락의 횡포 · 하	J. C. 기유보 / 김웅권	10,000원
46 지식의 불	B. 데스파냐 / 김웅권	근간
47 이성의 한가운데에서 — 이성과 신앙	A. 퀴노 / 최은영	6,000원
48 도덕적 명령	FORESEEN 연구소 / 우강택	근간
49 망각의 형태	M. 오제 / 김수경	근간
50 느리게 산다는 것의 의미	P. 쌍소 / 김주경	7,000원
51 나만의 자유를 찾아서	C. 토마스 / 문신원	6,000원
52 음악적 삶의 의미	M. 존스 / 송인영	근간
53 나의 철학 유언	J. 기통 / 권유현	근간
★54 타르튀프 / 서민귀족	몰리에르 / 덕성여대극예술비교연구회	8,000원
55 판타지 산업	A. 플라워즈 / 박범수	8,000원
56 홍수 · 상 〔완역판〕	J. M. G. 르 클레지오 / 신미경	근간
57 홍수 · 하 〔완역판〕	J. M. G. 르 클레지오 / 신미경	8,000원
58 일신교 — 성경과 철학자들	E. 오르티그 / 전광호	8,000원
59 프랑스 시의 이해	A. 바이양 / 김다은 · 이혜지	6,000원
60 종교철학	J. P. 힉 / 김희수	8,000원
61 고요함의 폭력	V. 포레스테 / 박은영	10,000원
62 소녀, 선생님 그리고 신	E. 노르트호펜 / 안상원	8,000원
63 미학개론 — 예술철학입문	A. 셰퍼드 / 유호전	근간
64 논증 — 담화에서 사고까지	G. 비뇨 / 임기대	10,000원
65 역사 — 성찰된 시간	F. 도스 / 김미겸	6,000원
66 비교문학개요	F. 클로동 · K. 아다-보트링 / 김정란	7,000원
67 남성지배	P. 부르디외 / 김용숙 · 주경미	8,000원
68 호모사피언스에서 인터렉티브인간으로	FORESEEN 연구소 / 공나리	9,000원
69 상투어 — 언어 · 담론 · 사회	R. 아모시 · A. H. 피에로 / 조성애	8,000원
70 촛불의 미학	G. 바슐라르 / 이가림	9,000원
71 푸코 읽기	P. 빌루에 / 나길래	근간
72 문학논술	J. 파프 · D. 로쉬 / 권종분	근간
73 한국전통예술개론	沈雨晟	8,000원
74 시학 — 문학 형식 일반론 입문	D. 퐁텐느 / 이용주	10,000원
75 자유의 순간	P. M. 코헨 / 최하영	8,000원
76 동물성 — 인간의 위상에 관하여	D. 르스텔 / 김승철	근간
77 랑가쥬 이론 서설	L. 옐름슬레우 / 김용숙 · 김혜련	6,000원
★78 잔혹성의 미학	F. 토넬리 / 박형섭	10,000원
79 문학 텍스트의 정신분석	M. J. 벨멩-노엘 / 심재중 · 최애영	9,000원
80 무관심의 절정	J. 보드리야르 / 이은민	9,000원
81 영원한 황홀	P. 브뤼크네르 / 김웅권	8,000원
82 노동의 종말에 반하여	D. 슈나페르 / 김교신	8,000원
83 프랑스영화사	J. -P. 장콜 / 김혜련	6,000원
		근간

《얀 이야기》 © 2000 JUN MACHIDA

김영사

84 조와(弔蛙)	金敎臣 / 노치준·민혜숙	8,000원
85 역사적 관점에서 본 시네마	J.-L. 뢰트라 / 곽노경	근간
86 욕망에 대하여	M. 슈벨 / 서민원	근간
87 아인슈타인 최대의 실수	D. 골드스미스 / 박범수	근간
88 철학 연습	M. 아롱델-로오 / 최은영	근간
89 삶의 기쁨들	D. 노게 / 이은민	6,000원
90 이탈리아영화사	L. 스키파노 / 이주현	근간
91 한국문화론	趙興胤	10,000원
★92 현대연극미학	M.-A. 샤르보니에 / 홍지화	8,000원
93 느리게 산다는 것의 의미·2	P. 쌍소 / 김주경	7,000원
94 진정한 모럴은 모럴을 비웃는다	A. 에슈고엔 / 김웅권	근간
95 제7의 봉인〔시놉시스/비평연구〕	E. 그랑조르주 / 이은민	근간
96 근원적 열정	L. 이리가라이 / 박정오	9,000원
97 라캉, 주체 개념의 형성	B. 오질비 / 김 석	근간
98 미국식 사회 모델	J. 바이스 / 김종명	근간
99 소쉬르와 언어과학	P. 가데 / 김용숙·임정혜	근간
100 철학자들의 동물원·상	A. L. 브라-쇼파르 / 문신원	근간
101 철학자들의 동물원·하	A. L. 브라-쇼파르 / 문신원	근간

【東文選 文藝新書】

1 저주받은 詩人들	A. 뻬이르 / 최수철·김종호	개정근간
2 민속문화론서설	沈雨晟	40,000원
★3 인형극의 기술	A. 훼도토프 / 沈雨晟	8,000원
★4 전위연극론	J. 로스 에반스 / 沈雨晟	12,000원
5 남사당패연구	沈雨晟	16,000원
★6 현대영미희곡선(전4권)	N. 코워드 外 / 李辰洙	절판
★7 행위예술	L. 골드버그 / 沈雨晟	절판
8 문예미학	蔡 儀 / 姜慶鎬	절판
9 神의 起源	何 新 / 洪 熹	16,000원
10 중국예술정신	徐復觀 / 權德周	24,000원
11 中國古代書史	錢存訓 / 金允子	14,000원
12 이미지 — 시각과 미디어	J. 버거 / 편집부	12,000원
★13 연극의 역사	P. 하트놀 / 沈雨晟	절판
14 詩 論	朱光潛 / 鄭相泓	9,000원
15 탄트라	A. 무케르지 / 金龜山	10,000원
16 조선민족무용기본	최승희	15,000원
17 몽고문화사	D. 마이달 / 金龜山	8,000원
18 신화 미술 제사	張光直 / 李 徹	10,000원
19 아시아 무용의 인류학	宮尾慈良 / 沈雨晟	절판
20 아시아 민족음악순례	藤井知昭 / 沈雨晟	5,000원
21 華夏美學	李澤厚 / 權 瑚	15,000원
22 道	張立文 / 權 瑚	18,000원

23	朝鮮의 占卜과 豫言	村山智順 / 金禧慶	15,000원
24	원시미술	L. 아담 / 金仁煥	16,000원
25	朝鮮民俗誌	秋葉隆 / 沈雨晟	12,000원
26	神話의 이미지	J. 캠벨 / 扈承喜	근간
27	原始佛敎	中村元 / 鄭泰爀	8,000원
28	朝鮮女俗考	李能和 / 金尙憶	24,000원
29	朝鮮解語花史(조선기생사)	李能和 / 李在崑	25,000원
30	조선창극사	鄭魯湜	7,000원
31	동양회화미학	崔炳植	9,000원
32	性과 결혼의 민족학	和田正平 / 沈雨晟	9,000원
33	農漁俗談辭典	宋在璇	12,000원
34	朝鮮의 鬼神	村山智順 / 金禧慶	12,000원
35	道敎와 中國文化	葛兆光 / 沈揆昊	15,000원
36	禪宗과 中國文化	葛兆光 / 鄭相泓・任炳權	8,000원
37	오페라의 역사	L. 오레이 / 류연희	절판
38	인도종교미술	A. 무케르지 / 崔炳植	14,000원
39	힌두교의 그림언어	안넬리제 外 / 全在星	9,000원
40	중국고대사회	許進雄 / 洪 熹	22,000원
41	중국문화개론	李宗桂 / 李宰碩	15,000원
42	龍鳳文化源流	王大有 / 林東錫	17,000원
43	甲骨學通論	王宇信 / 李宰錫	근간
44	朝鮮巫俗考	李能和 / 李在崑	12,000원
45	미술과 페미니즘	N. 부르드 外 / 扈承喜	9,000원
46	아프리카미술	P. 윌레뜨 / 崔炳植	절판
47	美의 歷程	李澤厚 / 尹壽榮	22,000원
48	曼茶羅의 神들	立川武藏 / 金龜山	절판
49	朝鮮歲時記	洪錫謨 外/李錫浩	30,000원
50	하 상	蘇曉康 外 / 洪 熹	절판
51	武藝圖譜通志 實技解題	正 祖 / 沈雨晟・金光錫	15,000원
52	古文字學첫걸음	李學勤 / 河永三	14,000원
53	體育美學	胡小明 / 閔永淑	10,000원
54	아시아 美術의 再發見	崔炳植	9,000원
55	曆과 占의 科學	永田久 / 沈雨晟	8,000원
56	中國小學史	胡奇光 / 李宰碩	20,000원
57	中國甲骨學史	吳浩坤 外 / 梁東淑	근간
58	꿈의 철학	劉文英 / 河永三	22,000원
59	女神들의 인도	立川武藏 / 金龜山	13,000원
60	性의 역사	J. L. 플랑드렝 / 편집부	18,000원
61	쉬르섹슈얼리티	W. 챠드윅 / 편집부	10,000원
62	여성속담사전	宋在璇	18,000원
★63	박재서희곡선	朴栽緖	10,000원
64	東北民族源流	孫進己 / 林東錫	13,000원

65	朝鮮巫俗의 硏究(상·하)	赤松智城·秋葉隆 / 沈雨晟	28,000원
66	中國文學 속의 孤獨感	斯波六郎 / 尹壽榮	8,000원
★67	한국사회주의 연극운동사	李康列	8,000원
68	스포츠인류학	K. 블랑챠드 外 / 박기동 外	12,000원
69	리조복식도감	리팔찬	절판
70	娼 婦	A. 꼬르뱅 / 李宗旼	22,000원
71	조선민요연구	高晶玉	30,000원
72	楚文化史	張正明	근간
73	시간, 욕망 그리고 공포	A. 꼬르뱅	근간
74	本國劍	金光錫	40,000원
★75	노트와 반노트	E. 이오네스코 / 박형섭	절판
76	朝鮮美術史硏究	尹喜淳	7,000원
77	拳法要訣	金光錫	10,000원
78	艸衣選集	艸衣意恂 / 林鍾旭	14,000원
79	漢語音韻學講義	董少文 / 林東錫	10,000원
★80	이오네스코 연극미학	C. 위베르 / 박형섭	9,000원
81	중국문자훈고학사전	全廣鎭 편역	15,000원
82	상말속담사전	宋在璇	10,000원
83	書法論叢	沈尹默 / 郭魯鳳	8,000원
84	침실의 문화사	P. 디비 / 편집부	9,000원
85	禮의 精神	柳 肅 / 洪 熹	10,000원
86	조선공예개관	日本民芸協會 편 / 沈雨晟	30,000원
87	性愛의 社會史	J. 솔레 / 李宗旼	18,000원
88	러시아미술사	A. I. 조토프 / 이건수	16,000원
89	中國書藝論文選	郭魯鳳 選譯	25,000원
90	朝鮮美術史	關野貞 / 沈雨晟	근간
91	美術版 탄트라	P. 로슨 / 편집부	8,000원
92	군달리니	A. 무케르지 / 편집부	9,000원
93	카마수트라	바쨔야나 / 鄭泰爀	10,000원
94	중국언어학총론	J. 노먼 / 全廣鎭	18,000원
95	運氣學說	任應秋 / 李宰碩	8,000원
96	동물속담사전	宋在璇	20,000원
97	자본주의의 아비투스	P. 부르디외 / 최종철	6,000원
98	宗敎學入門	F. 막스 뮐러 / 金龜山	10,000원
99	변 화	P. 바츨라빅크 外 / 박인철	10,000원
100	우리나라 민속놀이	沈雨晟	15,000원
101	歌訣(중국역대명언경구집)	李宰碩 편역	20,000원
102	아니마와 아니무스	A. 융 / 박해순	8,000원
103	나, 너, 우리	L. 이리가라이 / 박정오	10,000원
★104	베케트연극론	M. 푸크레 / 박형섭	8,000원
105	포르노그래피	A. 드워킨 / 유혜련	12,000원
106	셸 링	M. 하이데거 / 최상욱	12,000원

107	프랑수아 비용	宋 勉	18,000원
108	중국서예 80제	郭魯鳳 편역	16,000원
109	性과 미디어	W. B. 키 / 박해순	12,000원
110	中國正史朝鮮列國傳(전2권)	金聲九 편역	120,000원
111	질병의 기원	T. 매큐언 / 서 일·박종연	12,000원
112	과학과 젠더	E. F. 켈러 / 민경숙·이현주	10,000원
113	물질문명·경제·자본주의	F. 브로델 / 이문숙 外	절판
114	이탈리아인 태고의 지혜	G. 비코 / 李源斗	8,000원
115	中國武俠史	陳 山 / 姜鳳求	18,000원
116	공포의 권력	J. 크리스테바 / 서민원	근간
117	주색잡기속담사전	宋在璇	15,000원
118	죽음 앞에 선 인간(상·하)	P. 아리에스 / 劉仙子	각권 8,000원
119	철학에 대하여	L. 알튀세르 / 서관모·백승욱	12,000원
120	다른 곳	J. 데리다 / 김다은·이혜지	10,000원
121	문학비평방법론	D. 베르제 外 / 민혜숙	12,000원
122	자기의 테크놀로지	M. 푸코 / 이희원	12,000원
123	새로운 학문	G. 비코 / 李源斗	22,000원
124	천재와 광기	P. 브르노 / 김웅권	13,000원
125	중국은사문화	馬 華·陳正宏 / 강경범·천현경	12,000원
126	푸코와 페미니즘	C. 라마자노글루 外 / 최 영 外	16,000원
127	역사주의	P. 해밀턴 / 임옥희	12,000원
128	中國書藝美學	宋 民 / 郭魯鳳	16,000원
129	죽음의 역사	P. 아리에스 / 이종민	13,000원
130	돈속담사전	宋在璇 편	15,000원
★131	동양극장과 연극인들	김영무	15,000원
132	生育神과 性巫術	宋兆麟 / 洪 熹	20,000원
133	미학의 핵심	M. M. 이턴 / 유호전	14,000원
134	전사와 농민	J. 뒤비 / 최생열	18,000원
135	여성의 상태	N. 에니크 / 서민원	22,000원
136	중세의 지식인들	J. 르 고프 / 최애리	18,000원
137	구조주의의 역사(전4권)	F. 도스 / 이봉지 外	각권 13,000원
138	글쓰기의 문제해결전략	L. 플라워 / 원진숙·황정현	20,000원
139	음식속담사전	宋在璇 편	16,000원
140	고전수필개론	權 瑚	16,000원
141	예술의 규칙	P. 부르디외 / 하태환	23,000원
142	"사회를 보호해야 한다"	M. 푸코 / 박정자	20,000원
143	페미니즘사전	L. 터틀 / 호승희·유혜련	26,000원
144	여성심벌사전	B. G. 워커 / 정소영	근간
145	모데르니테 모데르니테	H. 메쇼닉 / 김다은	20,000원
146	눈물의 역사	A. 벵상뷔포 / 김자경	18,000원
147	모더니티입문	H. 르페브르 / 이종민	24,000원
148	재생산	P. 부르디외 / 이상호	18,000원

149	종교철학의 핵심	W. J. 웨인라이트 / 김희수	18,000원
★150	기호와 몽상	A. 시몽 / 박형섭	22,000원
151	융분석비평사전	A. 새뮤얼 外 / 민혜숙	16,000원
152	운보 김기창 예술론연구	최병식	14,000원
153	시적 언어의 혁명	J. 크리스테바 / 김인환	20,000원
154	예술의 위기	Y. 미쇼 / 하태환	15,000원
155	프랑스사회사	G. 뒤프 / 박 단	16,000원
156	중국문예심리학사	劉偉林 / 沈揆昊	30,000원
157	무지카 프라티카	M. 캐넌 / 김혜중	25,000원
158	불교산책	鄭泰爀	20,000원
159	인간과 죽음	E. 모랭 / 김명숙	23,000원
160	地中海(전5권)	F. 브로델 / 李宗畋	근간
161	漢語文字學史	黃德實・陳秉新 / 河永三	24,000원
162	글쓰기와 차이	J. 데리다 / 남수인	28,000원
163	朝鮮神事誌	李能和 / 李在崑	근간
164	영국제국주의	S. C. 스미스 / 이태숙・김종원	16,000원
165	영화서술학	A. 고드로・F. 조스트 / 송지연	17,000원
166	미학사전	사사키 겐이치 / 민주식	근간
167	하나이지 않은 성	L. 이리가라이 / 이은민	18,000원
168	中國歷代書論	郭魯鳳 譯註	25,000원
169	요가수트라	鄭泰爀	15,000원
170	비정상인들	M. 푸코 / 박정자	25,000원
171	미친 진실	J. 크리스테바 / 서민원	근간
172	디스탱숑(상・하)	P. 부르디외 / 이종민	근간
173	세계의 비참(전3권)	P. 부르디외 外 / 김주경	각권 26,000원
174	수묵의 사상과 역사	崔炳植	근간
175	파스칼적 명상	P. 부르디외 / 김웅권	근간
176	지방의 계몽주의(전2권)	D. 로슈 / 주명철	근간
177	이혼의 역사	R. 필립스 / 박범수	근간
178	사랑의 단상	R. 바르트 / 김희영	근간
179	中國書藝理論體系	熊秉明 / 郭魯鳳	근간
180	미술시장과 경영	崔炳植	16,000원
181	카프카 — 소수적인 문학을 위하여	G. 들뢰즈・F. 가타리 / 이진경	13,000원
182	이미지의 힘 — 영상과 섹슈얼리티	A. 쿤 / 이형식	13,000원
183	공간의 시학	G. 바슐라르 / 곽광수	근간
184	랑데부 — 이미지와의 만남	J. 버거 / 임옥희・이은경	근간
185	푸코와 문학 — 글쓰기의 계보학을 향하여	S. 듀링 / 오경심・홍유미	근간
★186	연극의 영화로의 각색	A. 엘보 / 이선형	근간

【기 타】

▨ 현대의 신화	R. 바르트 / 이화여대기호학연구소	15,000원
▨ 모드의 체계	R. 바르트 / 이화여대기호학연구소	18,000원

▨ 텍스트의 즐거움	R. 바르트 / 김희영	15,000원
★▨ 라신에 관하여	R. 바르트 / 남수인	10,000원
▨ 說 苑 (上·下)	林東錫 譯註	각권 30,000원
▨ 晏子春秋	林東錫 譯註	30,000원
▨ 西京雜記	林東錫 譯註	20,000원
▨ 搜神記 (上·下)	林東錫 譯註	각권 30,000원
■ 경제적 공포〔메디시스賞 수상작〕	V. 포레스테 / 김주경	7,000원
■ 古陶文字徵	高 明·葛英會	20,000원
■ 古文字類編	高 明	절판
■ 金文編	容 庚	36,000원
■ 그리하여 어느날 사랑이여	이외수 편	6,500원
■ 딸에게 들려 주는 작은 지혜	N. 레흐레이트너 / 양영란	6,500원
■ 딸에게 들려 주는 작은 철학	R. 시몬 셰퍼 / 안상원	7,000원
■ 노력을 대신하는 것은 없다	R. 쉬이 / 유혜련	5,000원
■ 미래를 원한다	J. D. 로스네 / 문 선·김덕희	8,500원
■ 사랑의 존재	한용운	3,000원
■ 산이 높으면 마땅히 우러러볼 일이다	유 향 / 임동석	5,000원
■ 서기 1000년과 서기 2000년 그 두려움의 흔적들	J. 뒤비 / 양영란	8,000원
■ 서비스는 유행을 타지 않는다	B. 바게트 / 정소영	5,000원
■ 선종이야기	홍 희 편저	8,000원
■ 섬으로 흐르는 역사	김영희	10,000원
■ 세계사상	창간호~3호: 각권 10,000원 / 4호: 14,000원	
■ 십이속상도안집	편집부	8,000원
■ 어린이 수묵화의 첫걸음(전6권)	趙 陽	42,000원
■ 오늘 다 못다한 말은	이외수 편	7,000원
■ 오블라디 오블라다, 인생은 브래지어 위를 흐른다	무라카미 하루키 / 김난주	7,000원
■ 인생은 앞유리를 통해서 보라	B. 바게트 / 박해순	5,000원
■ 잠수복과 나비	J. D. 보비 / 양영란	6,000원
■ 천연기념물이 된 바보	최병식	7,800원
■ 原本 武藝圖譜通志	正祖 命撰	60,000원
■ 隸字編	洪鈞陶	40,000원
■ 테오의 여행 (전5권)	C. 클레망 / 양영란	각권 6,000원
■ 한글 설원 (상·중·하)	임동석 옮김	각권 7,000원
■ 한글 안자춘추	임동석 옮김	8,000원
■ 한글 수신기 (상·하)	임동석 옮김	각권 8,000원

東文選 現代新書 34

라틴 문학의 이해

자크 가야르

김교신 옮김

그 기원에서부터 안토니누스 왕조의 몰락까지, 엔니우스에서 아풀레이우스까지, 라틴 문학은 힘차게 도약하고 자기를 주장하고 걸작들을 만들어 낸다. 그처럼 오랜 문학 창작의 세월은 우리에게 시간의 강을 거슬러 올라갈 것을 요구한다. 그것은 또한 우리가 형식 · 장르 · 기호의 독창성에 관해 자문할 것도 요구한다. 역사에 관해서도, 지식에 관해서도, 이 텍스트들은 어떤 상황을 필요로 한다. 오늘날 이 텍스트들을 읽을 것인가?

서구 문학(혹은 현대 문학)의 뿌리인 라틴 문학은 17세기 서구인들에겐 친숙했고, 17세기의 교양 있는 사람들은 모두 그 시대의 언어와 문학을 용이하게 다루었다. 그러나 오늘날에는 소수의 라틴어 학자를 제외하고는 라틴어로 된 라틴 문학을 읽을 사람은 많지 않다. 어떤 영화적 사건, 어떤 연극의 재상연 또는 갑작스런 유행은 한번의 관심을 불러일으킬 수 있지만, 대체로 라틴어로 된 위대한 작가들의 위대한 작품들은 여전히 대중들에겐 접근하거나 이해하기 어려운 영역으로 남아 있다. 오늘날의 현대 문화는 이들을 다시 부활시키지는 못할 것이다. 그러나 문학 창작과 사상사의 형식에 관한 성찰을 포함하는 연구의 틀 안에서 우리는 이 값진 유산에 한 자리를 마련해 주어야 할 것이다.

본서는 일반인 또는 대학초년생들에게 라틴 문학에 대한 독서를 도울 수 있는 정보를 상당히 총괄적으로 제공함으로써 그들의 접근을 용이하게 해주기 위해 씌어졌다.

東文選 現代新書 4

문학이론

조너선 컬러

이은경 · 임옥희 옮김

　문학이론에 관한 많은 입문서들이 일련의 비평 '학파'를 기술한다. 이론은 각각의 이론적인 입장과 실천으로 인해 일련의 상호 경쟁하는 '접근방법'으로 다루어진다. 하지만 입문서에서 밝힌 이론적인 운동 ──구조주의, 해체론, 페미니즘, 정신분석학, 마르크스주의, 신역사주의──은 많은 공통점을 가지고 있다. 이런 공통점 때문에 사람들은 단지 특수한 이론들에 관해서가 아니라 '이론'에 관해 논의할 수 있게 된다. 이론을 소개하려면, 이론적인 학파를 죽 개괄하기보다는 문제의식을 같이하는 질문과 주장, 하나의 '학파'를 다른 학파와 대비시키지 않는 중요한 논쟁, 이론적인 운동 내에서의 현저한 차이를 논의하는 것이 훨씬 낫다. 현대 이론을 일련의 경쟁하는 접근방법이나 해석방식으로 다루는 것은 이론이 갖는 많은 관심사와 힘을 놓치는 것이다. 이론의 관심사와 힘은 상식에 대한 폭넓은 도전으로부터, 그리고 의미의 생산과 인간 주체의 창조에 관한 탐구로부터 기인한다. 본서는 일련의 주제를 택하여, 이들 주제에 관한 중요한 문제와 논쟁에 초점을 맞추고, 또한 필자가 생각하기에 여태껏 연구되어 왔던 것에 초점을 맞추도록 했다. 그리고 부록으로 주요 비평학파나 이론적인 운동을 간략하게 개괄해 놓았다.